Buchreihe Kleidungskulturen der Welt
von Doris Schmidt, Heidelberg

Band 1: Steinzeit
Am Anfang war das Fell

Band 2: Japan
Kimono – Kirschblüten und Geishas

Band 3: Schwarzwald
Roter Bollenhut – Tracht und Marke

www.kleidungskulturenderwelt.de

Doris Schmidt

Japan

Kimono – Kirschblüten und Geishas

Mit Zeichnungen von Karin Mann

Kleidungskulturen der Welt

Band 2

Schneider Verlag Hohengehren GmbH

Umschlaggestaltung: Gabriele Majer, Aichwald
Umschlagzeichnung: Karin Mann, Bad Schönborn

Gedruckt auf umweltfreundlichem Papier (chlor- und säurefrei hergestellt).

Bibliografische Information der Deutschen Nationalbibliothek

Die Deutsche Nationalbibliothek verzeichnet diese Publikation in der Deutschen Nationalbibliografie; detaillierte bibliografische Daten sind im Internet über ›http://dnb.d-nb.de‹ abrufbar.

ISBN 978-3-8340-1409-2

Schneider Verlag Hohengehren,
Wilhelmstr. 13, 73666 Baltmannsweiler

Hompage: www.paedagogik.de

Printed in Germany – Druck: Esser, Bretten

Inhaltsverzeichnis

Vorwort

Die **Buchreihe Kleidungskulturen der Welt** basiert auf Ergebnissen des gleichnamigen Forschungsprojektes, das an der Pädagogischen Hochschule Heidelberg unter der Leitung von Prof. Dr. Doris Schmidt, Fach Alltagskultur mit dem Schwerpunkt Mode- und Textilwissenschaft durchgeführt wird.

Kleidungskulturen sind ein wesentlicher Bestandteil der Gesamtkultur von Völkern, Ländern und Epochen. Jede Kleidungskultur ist, allerdings mit unterschiedlicher Gewichtung, durch vielfältige Verflechtungen, etwa mit der Wirtschaft, der Mode, der Religion und der Wissenschaft, charakterisiert.

Im zweiten **Band Japan. Kimono – Kirschblüten und Geishas** wird die japanische Kleidungskultur thematisiert. Im Mittelpunkt steht der Kimono, der nicht unwesentlich von den Geishas, den japanischen „Kirschblütenfrauen", beeinflusst wurde. Die Ausdifferenzierung des Kimonos steht mit mehreren Bereichen in Verbindung, nämlich mit der Politik (z. B. Kimono als Bürgergewand), der Religion (z. B. Zen-Buddhismus), den Intimbeziehungen (z. B. Geisha-Kultur), der Wirtschaft (z. B. Kimonohandwerker), der Wissenschaft (z. B. Shibori-Reservetechnologie) und der Mode (z. B. Kimono im Modedesign).

Heidelberg im Herbst 2014 — Doris Schmidt

1. Japan

■ Inselreich

Japan liegt im Pazifischen Ozean und besteht aus rund 6850 Inseln, von denen über 400 bewohnt sind. Nachbarstaaten dieser ostasiatischen Inselkette sind Korea und China.

Da Japan auf der Naht aneinander stoßender Erdplatten lastet, besitzt es viele Vulkane, von denen nahezu 20 noch aktiv sind. Der bekannteste und höchste japanische Vulkan ist der Fuiji. Dieser meist schneebedeckte Berg wird von den Japanern als heilig verehrt und gilt als eines der markantesten Wahrzeichen Japans.

Der vulkanische Ursprung des japanischen Inselreichs zieht zum einen negative Folgen nach sich, nämlich gefährliche Erdbeben. Zum anderen bringt er positive Auswirkungen mit sich: die über 2.000 *onsen,* von denen etliche als Heilquellen anerkannt sind. Das Wort *onsen* (heiße Bäder) bezeichnet sowohl die Thermalquellen, die aus dem vulkanischen Boden sprudeln, als auch die Thermalbadeorte, die bei diesen Quellen – meist in Verbindung mit einem *ryokan* (Gasthof) – anzutreffen sind.

■ Nippon

Die Japaner nennen ihr Land *nippon,* das heißt Land der aufgehenden Sonne. Diese Namensgebung verweist auf die Sonnenkönigin Amaterasu, die nach japanischem Gründungsmythos die Himmelsherrschaft besitzt. Die Sonnengöttin ist für das japanische Kaiserhaus von großer Bedeutsamkeit. Nach altjapanischem Mythos war nämlich der erste japanische Kaiser ein unmittelbarer Nachkomme von Amaterasu. Deshalb tragen japanische Kaiser den Titel Tenno, was himmlischer Herrscher bedeutet.

Auf die Bezeichnung *nippon* macht auch die japanische Sonnenkreis-Flagge aufmerkam: Auf dieser ist ein roter Kreis (Symbol für die blutrote Sonnenscheibe) auf weißem Grund (Zeichen für den weißen Himmel) zu sehen.

Anmerkungen: Vgl. Coulmas 2011, S. 13 f., 33, 35 f., 36 f., 52 f. u. 142 f., Das neue Duden Lexikon 1984, Bd. 1, S. 130, Bd. 5, S. 1890 u. Bd. 9, S. 3761, Gibson 2000, S. 51 und Lexikon 2000; 1990, Bd. 18, S. 4761.

2. Politik

Die nachstehenden Ausführungen zur Politik Japans beziehen sich auf diejenigen Zeitabschnitte, die für die Auseinandersetzung mit der Thematik „Der Kimono – Kirschblüten und Geishas" relevant sind. Sie reichen vom Zeitalter der Klans bis zum Beginn der Neuzeit, das heißt von der Gründung eines japanischen Einheitsstaates im 4. Jahrhundert bis zur Öffnung Japans für den Westen Ende des 19. Jahrhunderts.

2.1 Zeitalter der Klans

2.1.1 Yamato-Zeit

Das Zeitalter der Klans (300-700) fällt in das japanische Altertum und ist nach dem damaligen Machtzentrum Yamato benannt. Zu Beginn der Yamato-Zeit schlossen sich Siedlungsgemeinschaften zu Kleinstaaten zusammen, die auf Klans (das sind Sippen oder Sippenverbände) basierten. Diese Kleinstaaten vereinigten sich in der Mitte des 4. Jahrhunderts zu einem Einheitsstaat. Politisches Machtzentrum des neu gegründeten Reichs wurde Yamato, das heute zur Präfektur Nara gehört.

2.1.2 Akusa-Zeit

Die Akusa-Zeit (552–645) war durch chinesische Einflüsse gekennzeichnet. Ab dem 6. Jahrhundert zeigte sich im Land der aufgehenden Sonne ein immer stärker werdender Einfluss der chinesischen Kultur. Die chinesischen Kultureinwirkungen erfolgten über das Nachbarland Korea bzw. direkt durch koreanische und chinesische Einwanderer und betrafen vor allem den religiösen, den politischen und den modischen Bereich.

Im religiösen Bereich führte die Übernahme des Buddhismus von China im Jahre 552 zu kämpferischen Auseinandersetzungen. Diese Machtkämpfe zwischen den Verteidigern der altjapanischen Religion des Shintoismus und den Anhängern des importierten chinesischen Buddhismus endeten 587 mit dem Sieg der Verfechter des Buddhismus und der Machtübernahme durch Prinz Shotuku, dem wohl größten Buddhismusbefürworter seiner Zeit. Er erklärte 594 den Buddhismus zur Staatsreligion.

Mit Beginn des 7. Jahrhunderts – und dies betrifft den politischen Bereich – übernahm der am Hof von Akusa regierende Prinz Shotuku außerdem das chinesische Regierungssystem und wandelte den altjapanischen Einheitsstaat in einen Beamtenstaat um. Nach chinesischem Vorbild führte der Prinzregent eine zwölfstellige Ranghierarchie für Beamte ein, zentrierte die Macht stärker als zuvor auf das Kaiserhaus und reglementierte das Hofleben.

Das neue Regierungssystem nach chinesischem Muster hatte auch Auswirkungen auf den modischen Bereich. Denn in die höfischen Vorschriften waren die Hofgewänder eingeschlossen, die die hierarchische Rangordnung durch in Kleiderordnungen vorgeschriebene Farben und Schnitte vestimentär, das heißt kleidungsbezogen, kommunizierten bzw. offen-sichtlich machten.

Anmerkungen: Vgl. Coulmas 2003, S. 218f. u. 2011, S. 15f., Ducke u.a. 2011, S. 39–41 und Lexikon 2000; 1990, Bd. 10, S. 2635.

2.2 Zeitalter des Hofadels

Auf das Zeitalter der Klans folgte das Zeitalter des Hofadels (710-1185), in dem die Macht bei einflussreichen Familien des Hofadels lag. Diese Epoche wird dem japanischen Altertum zugerechnet und nach den beiden damaligen Machtzentren in die Nara-Zeit und in die Heian-Zeit unterteilt.

2.2.1 Nara-Zeit

Namensgeberin für die Nara-Zeit (710–794) war die Stadt Nara, die 710 nach chinesischem Vorbild als erste ständige Hauptstadt gegründet wurde und damals Heijokyo hieß. War es zuvor üblich, mit jedem neuen Kaiser die Hauptstadt zu wechseln, so wurde jetzt erstmals eine dauerhafte Hauptstadt eingerichtet. Der Grund hierfür lag im religiösen Bereich. Nach shintoistischem Glauben wurde nämlich ein Ort durch den Tod eines Tenno verunreinigt und machte den Wechsel zu einer neuen Hauptstadt erforderlich. Mit wachsender Bedeutung des Buddhismus entfiel jedoch diese Notwendigkeit.

Nara fungierte nicht nur als erste feste Hauptstadt, sondern stellte mit seinen 200.000 Einwohnern auch das erste städtisch geprägte Kulturzentrum Japans dar.

2.2.2 Heian-Zeit

Als Namensgeberin für die Heian-Zeit (794–1185) diente die Stadt Heian (heute Kyoto), die 794 Nara als Hauptstadt ablöste. Der Kaiser verlagerte seine Residenz von Nara nach der Stadt Heian, die von 794 bis 1869 ohne Unterbrechung Hauptstadt blieb – allerdings mit wechselnden Namen. So wurde die Kaiserstadt zunächst Heiankyo (Hauptstadt des Friedens), dann Miyko (Kaiserliche Residenz) und schließlich Kyoto (Hauptstadt) genannt.

In der Heian-Zeit war zum einen ein Machtanstieg des Hofadels und eine Machtabnahme des Kaiserhauses zu beobachten. Zum anderen entwickelte sich in dieser durch den Hofadel geprägten Epoche eine zwar auf der klassischen chinesischen Kultur basierende, aber dennoch eigenständige japanische Kultur. Wie Nara war auch Heiankyo kulturelles Zentrum, jedoch (aufgrund der geringeren Kontakte zu China und des größeren Einflusses des Hofadels) ein stärker an japanischer und höfischer Kultur orientiertes Zentrum. Die Heian-Zeit wird daher bisweilen als „Goldene Zeit" bezeichnet.

Anmerkungen: Vgl. Chronik 2011, S. 20f., Coulmas 2003, S. 15f., Ducke u.a. 2011, S. 41–43, Hiller 2008b, S. 22, Kleinschmidt 2010, S. 12–15, Lexikon 2000; 1990, Bd. 10, S. 2635 und Zöllner 2008, S. 13–21.

2.3 Zeitalter des Schwertadels

An das Zeitalter des Hofadels schloss sich das Zeitalter des Schwertadels (1185–1867) an. Diese Epoche wird nach den jeweiligen Machtzentren schwerpunktmäßig in die mittelalterliche Kamakura-Zeit und Muromachi-Zeit sowie in die frühneuzeitliche Edo-Zeit gegliedert.

2.3.1 Kamakura-Zeit

In der mittelalterlichen Kamakura-Zeit (1185–1333) verlagerte sich die Macht vom Hof an das Schwert. Als Machtträger fungierte jetzt nicht mehr der Kaiser mit seinen Höflingen, sondern der oberste Feldherr, der Shogun, mit seinen Kriegern, den Samurai.

Der erste Shogun verlegte den Regierungssitz von Kyoto nach Kamakura, einem abgelegenen Küstendorf in der Nähe von Edo, dem heutigen Tokyo. Dies hatte zur Folge, dass es nun zwei Machtzentren gab. Neben der Hauptstadt Heiaynkyo bzw. Kyoto mit dem Residenzsitz des Kaisers entstand als zweites Machtzentrum Kamakura mit dem Regierungssitz des Shogun. War der kaiserliche Hof durch eine höfische Lebensweise und Kultur geprägt, so war der Shogunhof durch eine militärische Lebensweise und Kultur gekennzeichnet.

2.3.2 Muromachi-Zeit

In der mittelalterlichen Muromachi-Zeit (1338–1573) wurde der Amtssitz des Shoguns von Kamakura nach Muromachi, einem Stadtteil von Kyoto, verlegt.

Die Muromachi-Zeit war die Zeit der streitenden Reiche, denn diese Epoche war durch blutige Bürgerkriege gekennzeichnet. An den Kriegen waren mehrere gesellschaftliche Gruppierungen beteiligt: Kaiser, Shogune, Samurai, kriegerische Mönche und Regional- oder Territorialfürsten (*daimyo*). Bei den Machtfehden der über 200 aufstrebenden Regionalfürsten ging es in erster Linie um die Rückeroberung feudaler Privilegien gegenüber der Macht der anderen Gesellschaftsgruppen oder um die Dezentralisierung der Macht.

Im 16. Jahrhundert gelang es schließlich drei in Folge regierenden Shogunen, die Bürgerkriege zu beenden und eine Einigung des japanischen Reiches herbeizuführen.

2.3.3 Edo-Zeit

Die frühzeitliche Edo-Zeit (1600–1868) bildete die letzte Phase des Zeitalters des Schwertadels. In dieser Epoche wurde der Shogunsitz von Muromachi nach dem Fischerdorf Edo, dem heutigen Tokyo, verlagert. Kaiserliche Hauptstadt blieb aber weiterhin Kyoto.

■ Ständestaat

Um nach der Zeit der streitenden Reiche die alte politische und soziale Ordnung wiederherzustellen bzw. um die feudale Staatsmacht zu restaurieren, gründeten die Shogune einen streng reglementierten Ständestaat. Die Gesellschaft der feudalen Edo-Periode war in vier hierarchisch geordnete Stände differenziert: Samurai, Bauern, Handwerker und Kaufleute.

Um 1650 büßten die an der obersten Stelle der Ständehierarchie platzierten Samurai ihre Vormachtsstellung ein. Denn aufgrund des lange andauernden Friedens wurden deren Kampfkünste nicht mehr benötigt und die adligen Krieger wurden letztlich gesellschaftlich bedeutungslos.

Parallel zum gesellschaftlichen Abstieg der Samurai in der Edo-Zeit verlief der gesellschaftliche Aufstieg der zu den beiden unteren Ständen gehörenden Handwerker und Kaufleute. Mit der Entstehung von Städten und dem Ansteigen der Stadtbevölkerung (Edo stellte schon im 18. Jahrhundert mit über einer Million Einwohnern eine Megametropole dar) stieg der Bedarf nach von Handwerkern hergestellten und Händlern verkauften Konsumgütern gewaltig.

■ Blütezeit

Die Edo-Zeit war eine aufregende Blütezeit. Es entstand ein intensives städtisch-bürgerliches Kulturleben, das mehrere gesellschaftliche Bereiche betraf.

Im Bereich der *Intimbeziehungen* entwickelte sich ein bürgerlicher Lebensstil, der durch gelockerte Moralvorstellungen und eine Orientierung an Vergnügungen im Diesseits gekennzeichnet war. Es bildeten sich zahlreiche Vergnügungs- und Bordellviertel in Städten heraus. Das berühmteste Vergnügungsviertel der Edo-Zeit war das Gion in Kyoto, das noch heute wegen seiner eleganten Geishas bekannt ist.

Außerdem entfaltete sich in der *Kunst* eine neue Theaterform. Zusätzlich zur bereits existierenden Form des höfischen *no*-Theaters kam die Form des bürgerlichen *kabuki*-Theaters auf. Zwischen diesen beiden, auch heute noch existierenden Formen des Tanztheaters gab es beträchtliche Unterschiede. Das im 14. Jahrhundert aus buddhistischen Tempeltänzen (also aus dem religiösen Bereich) hervorgegangene *no*-Theater war ein dem Hofadel und dem Schwertadel vorbehaltenes Theater, das elitäre Kunst präsentierte. Dagegen entstand das *kabuki*-Theater im 17. Jahrhundert in Kyoto aus Prostituiertentänzen (also aus dem Bereich der Intimbeziehungen) und war ein Theater des Stadtbürgertums, das volkstümliche Kunst in der Art eines farbenfreudigen Spektakels zeigte.

Des Weiteren – und dies betrifft den Bereich der *Wirtschaft* – war eine steigende Nachfrage nach Konsumgütern zu beobachten, die sich immer mehr auf den gehobenen und den wechselnden Konsum richtete. Zur Befriedigung dieses Bedarfs kamen neue Berufssparten, Handwerker- und Kaufmannsviertel sowie Teehäuser, Restaurants, Gasthäuser und öffentliche Bäder auf. Zudem gab es in Edo einen gewaltigen Bau-Boom. Aufgrund der vom herrschenden Shogun aus Kontrollgründen eingeführten Residenzpflicht der etwa 250 Regionalfürsten in der Stadt Edo wurden viele Burgen und Wohnanlagen zur Unterbringung der Fürsten und deren Gefolge gebaut.

Darüber hinaus wurden im Bereich der *Wissenschaft* bzw. der Textilwissenschaft neue anspruchsvolle Textiltechnologien, insbesondere Web- und Färbtechnologien, zur Herstellung und Gestaltung von Kleidung resp. von Kimonogewändern entwickelt.

Obendrein ließ sich im Bereich der *Mode* die Entfaltung der Kimonomode beobachten. Das Kimonogewand wurde jetzt nämlich als ein visuelles Konkurrenzmittel zwischen dem sich abgrenzen wollenden Adel und dem aufstrebenden Bürgertum eingesetzt. Die modebezogen Diesseitsorientierung ließ sich selbst bei Festen in buddhistischen Tempeln und Shintoschreinen beobachten, die nicht nur zur religiösen Ehrerbietung begangen, sondern auch zur modischen Zur-Schau-Stellung und zum gemeinsamen Amüsieren genutzt wurden.

▪ Landabriegelung

In der Edo-Zeit lebten die Japaner einerseits in einer Blütezeit, andererseits aber in einer Ghetto-Situation. Um einen regen Außenhandel und den mit dessen Zustandekommen zu befürchtenden Machtzuwachs der Regionalfürsten zu verhindern, brauchen die herrschenden Shogune nahezu jeden Kontakt Japans zur Außenwelt ab.

In der immerhin 200 Jahre dauernden Zeit der Landabriegelung durften die Japaner ihr Land nicht verlassen und es wurden auch alle Missionare nach dem Verbot des Christentums ausgewiesen.

Von den Europäern war es nur den Holländern erlaubt, zu bleiben und einen Handelsposten auf Deijma vor Nagasaki errichten, da sie die Japaner beim Niederschlagen des Christenaufstandes unterstützt hatten. Informationen über wissenschaftliche und technische Entwicklungen in Europa konnten die Japaner in der Zeit der Selbstisolation deshalb lediglich aus holländischen Büchern gewinnen.

Anmerkungen: Vgl. Chronik 2011, S. 20f., Coulmas 2011, S. 13–14, 15–17 u. 17–19, Ducke u.a. 2011, S. 43–46, Gunkel 2011, S. 30–33, Hiller 2008a, S. 26 und 2008b, S. 22, Lexikon 2000; 1990, Bd. 10, S. 2636, Menegazzo 2008, S. 333, Sprotte 2008, S. 24–29, Osterhammel 2008, S. 3, Szimm 2011, S. 38–41, Thiele 1986, S. 64, Töpling 1977, S. 351 und Zöllner 2008, S. 13–21.

2.4 Neuzeit

2.4.1 Meiji-Zeit

Mit der neuzeitlichen Meiji-Periode (1868–1912) ging die feudale Edo-Epoche zu Ende und begann Japans Moderne.

Die Edo-Zeit war nicht nur durch finanziellen Wohlstand, Frieden und politische Stabilität gekennzeichnet, sondern auch durch eine Verkümmerung militärischer Techniken. So war es wenig verwunderlich, dass die Japaner einer mit modernsten Waffen ausgestatteten US-amerikanischen Kriegsflotte, die das japanische Inselreich 1853 erreichte, keinen nennenswerten Widerstand leisten konnten. Die USA erzwangen mit militärischem Druck – auch im Namen europäischer Großmächte – die Öffnung Japans für den Welthandel.

Der letzte Shogun wurde gestürzt und musste die politische Macht an das Kaiserhaus abtreten. 1867 wurde der erst 15-jährige Mushito als Kaiser Meiji eingeführt. Er war Namensgeber für die erste Epoche der japanischen Neuzeit und nach seinem Leitspruch wird die Meiji-Zeit auch „Zeit der strahlenden Herrschaft" genannt.

Die kaiserliche Hauptstadt wurde von Kyoto nach Edo verlagert und Edo wurde am 3. September 1868 in Tokyo (Östliche Hauptstadt) umbenannt. Die neue Hauptstadt Tokyo markierte das Ende des alten Japans und zugleich den Beginn des neuen Japans. Aus dem isolierten Feudalstaat wurde innerhalb kurzer Zeit eine pazifische Großmacht.

Heute besitzt die Metropolregion Tokyo etwa 35 bis 40 Millionen Einwohner und die japanische Hauptstadt Tokyo zählt zu den Megastädten des 21. Jahrhunderts.

Anmerkungen: Vgl. Chronik 2011, S. 20f., Coulmas 2011, S. 22f., Hiller 2008b, S. 22, Kleinschmidt 2010, S. 14, 16, 40, 48f., 54 u. 80 und Lexikon 2000; 1990, Bd. 10, S. 2636.

3. Religion

In Japan sind im Wesentlichen zwei Religionen anzutreffen, der Shintoismus und der Buddhismus.

3.1 Shintoismus

Der Shintoismus (Kurzform Shinto) ist eine alte, japanspezifische Naturreligion und bedeutet „Weg der Götter". Sie lässt sich als eine Religion des Volkes charakterisieren. Der Shintoismus basiert auf der Annahme, dass die gesamte Umwelt göttlich beseelt ist und es dementsprechend viele göttliche Wesen (*kami*) gibt. An der Spitze der shintoistischen Gottheiten steht die Sonnengöttin Amaterasu, welche die Herrschaft über das Naturelement Sonne hat. Zur göttlichen Umwelt zählen auch besonders eindrucksvolle Berge (z. B. der Berg Fuiji), Inseln (z. B. die Insel Miyajima) und Steine.
Als shintoistische Kultstätten bzw. Heiligtümer fungieren Schreine, die – der shintoistischen Natur-Religion entsprechend – meist an landschaftlich besonders schönen Stellen gelegen sind. Den Weg zu einem Schrein weist das *torii*, ein in der Regel rotes Tor mit zwei waagrechten Balken.

Anmerkungen: Vgl. Berger u. a. 2011, S. 60 und Coulmas 2011, S. 37–38, 45–47, 48–50, 50–51, 52–53 u. 113.

3.2 Buddhismus

3.2.1 Buddhismus

Der Buddhismus ist eine Religion, die nach ihrem Gründer Buddha (altind., der Erleuchtete oder der Erwachte) benannt ist. Buddha lebte vor seiner Erleuchtung, die er durch ein sechs Tage und sechs Nächte dauerndes Meditieren erlangte, als Mensch, nämlich als Königsohn Sidharta, vor etwa 2.500 Jahren in Nordindien. In den Mittelpunkt seiner Lehre stellte Buddha weder das Befassen mit schriftlichen Weisheiten, noch die Suche nach Wahrheit bei irgendwelchen Lehrern oder Meistern, noch das Befolgen von Vorschriften, sondern richtete seine Aufmerksamkeit auf das stille Meditieren, die Wahrheitssuche im eigenen Geist und den eigenen Erfahrungsweg. Der indische Buddhismus verbreitete sich nahezu über die ganze Erde; nach Japan wurde er von China über Korea eingeführt.

Nach anfänglichem Widerstand von den Anhängern der einheimischen Shintoreligion sowie von politischen Machtträgern wurde der Buddhismus zunächst von der japanischen Oberschicht angenommen und in der Akusa-Zeit von Prinz Shotuku 594 zur Staatsreligion erklärt. Allgemeine Verbreitung fand dann der anfangs lediglich als Religion der Elite fungierende Buddhismus in der Heian-Zeit, als Kyoto (damals Heiankyo) zur neuen Hauptstadt aufstieg und unter chinesischem Einfluss Gemeinden entstanden.

Als buddhistische Kultstätten oder Heiligtümer wurden Tempel gebaut, die meist von wunderschönen Gärten umgeben sind.

Im Gegensatz zum Christentum, das andere Religionen als Heidentum bekämpfte, koexistieren in Japan Shintoismus und Buddhismus, seit dessen Einführung als Staatsreligion im 6. Jahrhundert, friedlich nebeneinander. Nicht wenige Japaner fühlen sich heute zumindest ansatzweise mit beiden Religionen verbunden. Einen nicht unerheblichen Beitrag zur friedlichen Interaktion von Vertretern beider Glaubensrichtungen leisten die landesweit anzutreffenden Schrein-Tempel-Komplexe, an denen gemeinsam Feste, etwa das beliebte Kirschblütenfest, gefeiert werden.

3.2.2 Zen-Buddhismus

Es gibt verschiedene buddhistische Richtungen in Japan, von denen die bekannteste der Zen-Buddhismus (Kurzform Zen) ist. Der Zen-Buddhismus – darauf weist das Wort Zen (jap., Meditation, Versenkung) hin – lässt sich nicht, wie etwa das Christentum, als eine auf Schrifttum basierende Lehre beschreiben, sondern als eine auf eigenen Erfahrungen beruhende Meditationslehre.

In Japan entstand der Zen-Buddhismus in der kriegerischen Kamakura-Zeit des 12. / 13. Jahrhunderts. Es waren die japanischen Mönche Esai und Dogon, die damals, unabhängig voneinander, Zen-Techniken in China studierten und den Zen-Buddhismus in ihr Heimatland brachten.

Im Mittelpunkt dieser neuen buddhistischen Strömung stand die Meditation, die den Ausübenden zum *satori* (jap., Erleuchtung) führen sollte. Einen Schwerpunkt bei dieser Versenkung in sich selbst bildete das oft stundenlange Meditieren im Sitzen.

Neben der u. a. von Zen-Meistern und ihren Schülern nach chinesischem Shaolin-Vorbild in Klöstern ausgeübten sitzenden Meditation wurden auch andere, gewissermaßen ergänzende Meditationstechniken praktiziert: die so genannten Wege (*do*), die in gewissem Sinne „Reisen nach innen" bedeuten. Diese Wege waren auf ein handelndes Meditieren gerichtet, das sich auf einfache, mit großer Sorgfalt und nach fest gelegten Regeln oder Ritualen ausgeführte Arbeiten konzentrierte. Zu diesen handelnden Meditationstechniken oder Wegen zählten Alltags-Künste (z. B. Teezeremonie, Blumenstecken Gartenarbeit und Schönschreiben) und Kampf-Künste (z. B. Bogenschießen und Schwertkampf).

3.2.2.1 Alltagskünste

- **Teezeremonie**

Die Teezeremonie wurde in der frühmittelalterlichen Kamakura-Zeit von Mönch Esai zusammen mit dem Zen-Buddhismus nach Japan gebracht. Dem Tee selbst wurde ein wach haltender und Konzentration fördernder Effekt zugeschrieben und dem auf dem Zen-Buddhismus basierenden Weg des Tees eine bildende und Zufriedenheit bringende Wirkung beigemessen. In der spätmittelalterlichen Muromachi-Zeit wurde die Teezeremonie immer beliebter und es entstanden Teeräume und Teehäuser.

Im 16. Jahrhundert verfasste der große Teemeister Sen no Rikyu Regeln zur japanischen Teezeremonie, die bis heute Gültigkeit besitzen. Bei einer feierlichen Teezeremonie wird ein genaues Ritual eingehalten, das sich auf das Zubereiten, Ausschenken und Trinken des Tees sowie auf Begrüßungs- und Verabschiedungsformalitäten und auf das richtige Platznehmen bezieht. In der japanischen Oberschicht wird eine feierliche Teezeremonie heutzutage auch in bewusster Distinktion zur westlichen Welt bzw. in Abgrenzung zur Verwestlichung der japanischen Kultur durchgeführt.

■ **Blumenstecken**

Beim japanischen Blumenstecken oder *ikebana* (wörtlich: lebende Blume) werden Blumen, Gräser und Zweige in einem Gefäß nach ästhetischen Regeln (z. B. eine harmonische Zusammenstellung der Farben) und nach natürlichen Regeln (z. B. die Verwendung von der Jahreszeit entsprechenden Pflanzen) angeordnet. Das Stecken der Blumen ist wie die Teezeremonie ein meditativer Vorgang und daher wichtiger als das Gesteck selbst. Der Blumenweg wird als die Persönlichkeit bildend angesehen: Er fördert die Konzentration und führt zu Ruhe und Gelassenheit.

Mit der Einführung des Zen-Buddhismus und der Teezeremonie aus China in der frühmittelalterlichen Kamakura-Zeit gelangte das Blumenstecken in Form von einfachen Gestecken in die Herrenhäuser des Schwertadels. In der spätmittelalterlichen Muromachi-Zeit etablierte sich die Kunst des Blumensteckens: Blumenarrangements wurden zum festen Bestandteil der in Teeräumen und Teehäusern praktizierten Teezeremonie. Die enge Verbindung von *ikebana* und Teekunst wird nicht zuletzt daraus ersichtlich, dass die bereits oben erwähnten Teeregeln des Teemeisters Sen no Rikyu aus dem 16. Jahrhundert eine Zusammenstellung von „Teeblumen" (das sind vorzugsweise schwach duftende Pflanzen) enthalten. In der neuzeitlichen Meiji-Zeit, in der sich Japan für den Westen öffnete, wurde der Blumenweg „geschlechts- und klassenlos": Die Kunst des Blumensteckens war nicht mehr nur für privilegierte Männer des Klerus, des Hof- und des Schwertadels reserviert, sondern durfte auch von einfachen Bürgern und von Frauen ausgeübt werden. Ende der 1880er wurde *ikebana* sogar als verbindliches Mädchenfach in Schulen institutionalisiert.

■ **Gartenarbeit**

Zu den aus der Zen-Philosophie entstandenen Wegen gehört auch die Gartenarbeit, die wie das Blumenstecken die Naturverbundenheit des Zen erkennen lässt. Die größte Affinität zur Zen-Lehre weist der Harmonie und Ruhe ausstrahlende japanische Gartentypus des Steingartens auf. Der Zen-Steingarten, der in der spätmittelalterlichen

Muromachi-Zeit entstand, entsprach in seiner kargen Schlichtheit der einfachen und bescheidenen Lebensweise des damals herrschenden Schwertadels. Der zentypische Steingarten existiert als – meist auf kleinem Raum – angelegter Trockengarten und setzt sich aus hellem, wellenförmig gerechtem Sand und Steinen in unterschiedlichen Größen und Formen zusammen.

Der Gartenweg bezieht sich sowohl auf die Gestaltung als auch auf die Pflege von Gärten. Werden zum Beispiel bei der Gestaltung des Zen-Trockengartens die Gedanken vollkommen auf die harmonische Verteilung der Elemente Sand und Steine gerichtet, so wird das handelnde Meditieren bei dessen Pflege auf die einfache Arbeit des Sandharkens gelenkt.

3.2.2.2 Kampfkünste

Einen großen Einfluss hatte der im Zeitalter des Schwertadels eingeführte Zen-Buddhismus auf die Samurai. Die Zen-Lehre entsprach nämlich in hohem Maße der asketischen und praxisorientierten Lebensweise der Samurai, insbesondere in der Abgrenzung zum verweichlichten Lebensstil und der intellektuellen Schulung des Hofadels. Der Zen-Buddhismus wirkte sich zum einen auf die Alltagskultur der japanischen Krieger aus, die beispielsweise die Teezeremonie praktizierten und ihre Kinder im Schönschreiben (Kalligraphie) unterrichten ließen.

Zum anderen – und vor allem – beeinflusste die Zen-Philosophie die Kampfkunst der Samurai. Die japanischen Krieger erkannten die Affinität bzw. Einheit von Zen und Kampf, da für beide die gleichen Anforderungen, etwa Disziplin, Härte und Selbstbeherrschung, galten. Einige Samurai unterzogen sich sogar bei Niederlagen einer Kampfausbildung bei Zen-Mönchen. Das Ausbildungsprogramm beinhaltete neben dem allgemeinen Erlernen von auf Wachheit, Ausgeglichenheit und Bewusstheit gerichteten Meditationstechniken in erster Linie die Ausbildung in den Kampfkünsten Bogenschießen (Kyudo) und Schwertkampf (Kendo). Es wurden aber auch andere, Zen-affine Sportarten einbezogen, zum Beispiel Karate, Judo und Aikido.

Anmerkungen: Vgl. Coulmas 2011, S. 29 f., 30 f. u. 49 f., Dingemann 2007, S. 5–12, Ducke u. a. 2011, S. 54 f., 56 f. u. 95–99, Kleinschmitt 2010, S. 49 u. 53, Menegazzo 2008, S. 251, 254–257 u. 291, Sakawaga 2006, S. 8, 20, 23 u. 25–41, Sandmeyer 2009, S. 62, Schneider 2013, S. 9, 11, 16 u. 18, Tworuschka / Tworuschka 2008, S. 86 f., 94 f. u. 160–163 und Zöllner 2008, S. 17.

4. Intimbeziehungen

4.1 Kurtisanen

Die ersten Kurtisanen tauchten in der höfischen Heian-Ära (794–1195) auf, einer Zeit, in der Heiankyo (heute Kyoto) als Hauptstadt und Zentrum des Hofadels fungierte. Diese auch Heian-Frauen genannten Kurtisanen gehörten der gesellschaftlichen Oberschicht an und besaßen ein hohes Bildungsniveau. Vermutlich verdienten die in festen Wohngemeinschaften lebenden Kurtisanen nicht schlecht. Denn ihre Kunden waren gut situierte Hofadlige, denen sie sowohl kulturelle (z. B. Tänze) als auch sexuelle Dienstleistungen in ihren Häusern bereitstellten.

Anmerkungen: Vgl. Downer 2002, S. 46 f., Hanamachi 2013, Kohlmüller 2010, S. 7 ff. und Pohl 1986, S. 428 f.

4.2 Prostituierte

Neben Kurtisanen waren in der Heian-Zeit Prostituierte anzutreffen, die zur unteren Gesellschaftsschicht zählten und eine geringe Bildung aufwiesen. Ihre Dienstleistungen, die sich auf die körperliche Befriedigung beschränkten, boten sie im öffentlichen Raum, auf der Straße, an. Im Unterschied zu den Kurtisanen bekamen die Prostituierten lediglich einen geringen Lohn, da ihre Kunden meist einfache Arbeiter waren.

Anmerkungen: Vgl. Downer 2002, S. 50, Hanamachi 2013 und Kohlmüller 2010, S. 10.

4.3 Geishas

4.3.1 Geisha-Geschichte

■ **Entstehung der Geishas**

In der feudalen Edo-Epoche (1600–1868), in der Edo (heute Tokyo) Regierungssitz und Zentrum des Schwertadels war, spaltete sich Anfang des 18. Jahrhunderts von den ranghöchsten Kurtisanen eine

Gruppe ab, die als Berufsbezeichnung den Namen Geisha, das heißt Person der Künste (*gei*: Kunst; *sha*: Person), erhielt.

Im Unterschied zu den Kurtisanen offerierten die Geishas keine sexuellen, sondern kulturell-künstlerische Dienste. Da sich das Angebot der Kurtisanen zunehmend auf den sexuellen Dienstleistungssektor konzentrierte und im letzten Drittel des 18. Jahrhunderts sexuelle Dienste von Geishas gesetzlich verboten wurden, geriet die kulturell-künstlerische Unterhaltungstätigkeit immer mehr zum beruflichen Alleinstellungsmerkmal der Geishas – zumal diese im Gegensatz zu den Kurtisanen eine mehrjährige Ausbildung in den „Unterhaltungskünsten" absolvierten.

■ **Verbreitung der Geishas**

In der Meji-Zeit (1868–1912) ließ sich eine deutliche Verbreitung und Entwicklung des Geishatums beobachten. Durch die Öffnung Japans gegenüber der Außenwelt in dieser Zeit erweiterte sich der Kundenkreis der Geishas erheblich. Deren Unterhaltungskünste waren jetzt auch zum Beispiel bei politischen Gesprächen und wirtschaftlichen Geschäftsabschlüssen von Japanern mit Europäern gefragt. Von den Geishas wurden weiterhin ausschließlich Unterhaltungsdienste und keine Prostitution im eigentlichen Sinne, das heißt keine gewerbsmäßige Ausübung sexueller Handlungen, angeboten. Private Treffen mit Kunden waren den Geishas nun aber erlaubt, und zwar mit oder ohne sexuelle Beziehung.

Nach seiner Blütezeit in den 1920er Jahren erlitt das Geishatum durch den Zweiten Weltkrieg (1939–1945) einen schweren Rückschlag. Die Einwohner der beiden Geishazentren Tokyo und Kyoto flüchteten aufs Land, wo viele Geishas nach Kriegsende blieben und als Ehefrauen oder als Prostituierte lebten.

Belief sich die Anzahl der Geishas in den 1920er Jahren auf ungefähr 80.000, so betrug sie 1947, also zwei Jahre nach dem Zweiten Weltkrieg, nur noch etwa 2.500. Im heutigen Japan sind noch knapp 5.000 Geishas anzutreffen.

4.3.2 Geisha-Kultur

■ Blumenstädte

Geishas leben in eigenen Vierteln, den *hanamachi*, in denen die Wohnhäuser der Geishas (*okiya*) sowie etliche Teehäuser (*ochay*) stehen. Die Bezeichnung *hanamachi* bedeutet in wörtlicher Übersetzung Blumenstädte und ist auf die vielen Kirschbäume mit ihrer rosa-weißen Blütenfülle zurückzuführen, die in den Geisha-Bezirken wachsen und diesen ein ganz eigenes Flair verleihen. Aufgrund dieser Kirschblüten, die das Bild der *hanamchi* prägen, werden die Geishas mitunter auch Kirschblütenfrauen genannt.

Nahezu unverändert haben sich die *hanamachi* in Kyoto erhalten, da diese alte Kaiserstadt im Unterschied zu Tokyo von einer Zerstörung im Zweiten Weltkrieg weitgehend verschont blieb. Im traditionsreichen Kyoto sind heute noch fünf Blumenviertel, darunter das berühmte Gion, anzutreffen, im modernen Tokyo hat sich deren Anzahl von acht auf sechs reduziert.

Deutlich verringert hat sich die Zahl von Geishas, die in den *hanamachi* wohnen. Lebten beispielsweise im Gion-Viertel vor etwa 200 Jahren immerhin rund 3.000 Geishas, so sind es heute nur noch an die 120.

■ Erscheinungsbild der Geisha

Ein wesentlicher Bestandteil der Geisha-Kultur ist deren Erscheinungsbild, das deutlich von dem der anderen Japanerinnen absticht und in seiner Auffälligkeit und Abgrenzungswirkung durchaus mit dem von Jugendkulturen vergleichbar ist.

Als Kleidung tragen Geishas bodenlange Kimonogewänder, die mit einem breiten schärpenartigen Gürtel (*obi*) zusammengebunden sind, und ziehen dazu Zehensandalen an. Ihren Körper gestalten die Kirschblütenfrauen außerdem durch weiß geschminkte Gesichter, kirschrot bemalte Lippen und mit reichlich Schmuck verzierte Hochsteckfrisuren.

Abb. 1 Erscheinungsbild der Geisha

4.3.3 Geisha-Rolle

- **Unterhaltungskünstlerin**

In ihrer Rolle als Unterhaltungskünstlerin erbringt die Geisha zum einen *kulturell-künstlerische Leistungen.* Sie unterhält ihre Kunden, meist in Teehäusern, mit Tanz und Musik, aber auch mit gepflegter Kommunikation über aktuelle politische, wirtschaftliche und sonstige gesellschaftliche Themen.

Von Bedeutung bei dieser Unterhaltungstätigkeit ist das Einhalten der Etikette, zu deren wichtigsten Vorschriften Diskretion und Respekt gehören. Die Diskretion der Geisha bezieht sich nicht nur auf deren „Gäste" sondern auch auf ihre eigene Person: Geishas geben weder Gespräche ihrer Kunden noch persönliche Daten über sich selbst preis.

Der Respekt der Geisha zeigt sich beispielsweise darin, dass sie sich bei Teezeremonien auf Knien fortbewegt, um auch nur den Anscheinung einer Erhöhung gegenüber den auf den Boden sitzenden Gästen zu vermeiden.

Zum anderen erbringt die Geisha in ihrer Rolle als Unterhaltungskünstlerin *erotische Leistungen*. Durch ihr Erscheinungsbild in Verbindung mit Lächeln, Schmeicheln, Charme und Koketterie schafft sie nicht nur eine harmonische, Atmosphäre, sondern umgibt sich auch mit einer einzigartigen erotischen Aura. Ob und inwieweit die Geisha ihr sinnliches Versprechen einlöst, bleibt ein wohl gehütetes Geheimnis, das letztlich die erotische Faszination der Kirschblütenfrau ausmacht.

Die Konzentrierung auf den erotischen Aspekt der Geisha-Rolle außerhalb des japanischen Inselreichs ist nicht unwesentlich auf die Medien zurückzuführen. Ab den 1970er Jahren wurde nämlich die Geisha-Kultur vermehrt in den Massenmedien Buch und Film der westlichen Welt thematisiert. Es war vor allem der 2006 ausgestrahlte Film „Memoiren einer Geisha" (nach dem gleichnamigen Roman-Bestseller von Artuhr Golden aus dem Jahr 1997), der ein weltweites Interesse an der Geisha-Kultur hervorrief, wobei sich das Interesse vorzugsweise auf den erotischen Blickwinkel richtete.

Während die westlichen Medien das außerjapanische Geisha-Bild klischeehaft auf die erotische Perspektive reduzierten, gilt die Geisha in Japan nach wie vor als Person der Künste, die die japanische Kultur bewahrt und verkörpert.

Dadurch, dass die Geisha für ihre Unterhaltungskünste bezahlt wird, erbringt sie auch *wirtschaftliche Leistungen*. Geishas bilden heutzutage eine angesehene Berufsgruppe, die in hohen Gesellschaftskreisen verkehrt und deren Stundenlohn durchaus 1.000–3.000 Euro betragen kann.

■ Modevorbild

Neben der Rolle der Unterhaltungskünstlerin übernahm die Geisha in der Edo-Zeit die Rolle des Modevorbildes in Japan – vergleichbar mit der modischen Vorbildrolle der europäischen Kurtisanen im 19. Jahrhundert.

Mit der Öffnung Japans im Jahr 1867 begann sich die modische Vorbildrolle der Geisha in der räumlichen Dimension auszudifferenzieren: Die japanische Person der Künste wurde erstmals in der westlichen Welt als Modevorbild entdeckt. Der Höhepunkt der modischen Vorbildrolle der Geisha im europäischen Raum lässt sich auf die Jahre 1900-1929 datieren.
Dass die Geisha dort ihre modische Vorbildwirkung bis heute nicht verloren hat, zeigen die immer wieder zu beobachtenden Übernahmen von Elementen des Erscheinungsbildes der Geisha durch Modedesigner in die Damenmode.

4.3.4 Maikos

Seit ihrem Aufkommen in der Edo-Epoche absolvieren Geishas eine mehrjährige Ausbildung, die ein hohes Maß an Disziplin erfordert.

■ Ausbildungsinhalte

Die Ausbildungsinhalte der Maikos genannten Geisha-Lehrmädchen umfassen vor allem die Gebiete Tanz, Musik und Benehmen.
Im täglich stattfindenden Tanzunterricht werden verschiedene Tanzstile gelehrt. Auf die Wichtigkeit dieses Tanzunterrichts weist die Bezeichnung Maiko hin, die „tanzendes Mädchen" bedeutet. Ebenso wird im Musikunterricht ein großer Wert auf Vielfalt gelegt. Diese bezieht sich sowohl auf den Gesangsunterricht (z. B. Tanzlieder und Folklorelieder) als auch auf den Instrumentalunterricht (z. B. Flöte und *shamisen*, die für Geishas typische dreisaitige Laute).
Im Benimmunterricht werden Inhalte vermittelt, welche die Höflichkeit, aber auch das Erscheinungsbild der Geisha betreffen. Bei Letzterem geht es um die Angemessenheit der Körperhaltung (z. B. gerade Rückenhaltung beim Sitzen), der Bewegung (z. B. trippelnde Schreite beim Gehen), der Kleidung (z. B. Auswahl des Kimonos nach Anlass und Jahreszeit) und des Stylings (z. B. Make-up und Frisur).

■ Ausbildung

Heutzutage beginnt eine Maiko ihre Ausbildung mit 15 oder 16 Jahren. Als Lehrmeisterin fungiert in der Regel eine Geisha, in deren *okiya* (Wohnhaus) die Maiko während ihrer Ausbildung untergebracht ist. Die Ausbildung der Maikos findet nur noch im traditionsreichen Kyoto statt.

Hinsichtlich der Ausbildung von Maikos sind zwei Entwicklungen zu beobachten: Zum einen ist die Anzahl der Maikos gesunken, wohl hauptsächlich aufgrund der geringen Attraktivität des Geisha-Berufs für moderne japanische Mädchen. Zum anderen treten zunehmend die so genannten Werbemaikos oder Geisha-Barbies auf, die keine Geisha-Ausbildung besitzen, sondern lediglich gegen Bezahlung mit Touristen auf Fotos posieren oder sich in der Funktion eines japanischen Markenzeichens zu Reklamezwecken ablichten lassen.

Anmerkungen: Vgl. Bersihand 1963, S. 503, Dalby 2000, S. 9, 142 f., 182, 258 f. u. 371 f., Downer 2002, S. 19, 24 ff., 116, 124 f., 162, 212, 275 ff. u. 311, Fukai 2002, S. 332 ff., Geisha 2013, Hanamachi 2013, Kohlmüller 2010, S. 15 ff., Lühl 1983, S. 135 f., Pohl 1986, S. 423, Stein 1997, S. 557 ff. und Schmitt 2013, S. 163–175.

5. Wirtschaft

In der frühneuzeitlichen Edo-Zeit (1603–1868) ließ sich ein erhebliches Wachstum der japanischen Textil- und Bekleidungswirtschaft beobachten, das sowohl die Kimonoproduktion als auch den Kimonohandel betraf.

5.1 Kimonoproduktion

Die Steigerung und Differenzierung der Kimonoproduktion in der Edo-Ära hatte mehrere Gründe.

■ Städtisches Kimonohandwerk

Zum einen stieg mit der Entstehung von Städten und dem Anwachsen der städtischen Bevölkerung der Bedarf an Kimonogewändern gewaltig. Besonders gut war dies an Edo (heute Tokyo) zu erkennen, das sich von einem kleinen Fischerdorf zu einer Millionenstadt entwickelte. Die dortige Kimonoproduktion wurde zunehmend von städtischen Handwerkern übernommen, zu denen Weber, Färber, Sticker und Schneider zählten, die sich in den neu entstandenen Handwerkervierteln niederließen. Diese Entfaltung und Spezialisierung des städtischen Kimonohandwerks bewirkten eine Differenzierung des Kimonos in Bezug auf Farben, Muster und Materialien.

■ Kimono als Bürgergewand

Zur Erhöhung der Kimonoproduktion trug zum anderen der Machtzuwachs des Bürgertums in der feudalen Edo-Ära bei. Der Kimono wurde nämlich zum Symbol des gesellschaftlichen Aufstiegs des Bürgertums. Träger des Kimonogewandes waren nun nicht mehr nur der Adel, sondern auch das städtische Bürgertum. Dadurch dass jetzt der Kimono von Frauen und Männern aller Schichten getragen wurde, erhöhte sich die Kimonoproduktion um ein Vielfaches.

■ Kimono als Distinktionsmittel

In dem durch den wachsenden Einfluss und Reichtum des Bürgertums geprägten städtischen Leben der Edo-Epoche war außerdem eine stärkere Orientierung auf das Diesseits, so auch auf die Mode, zu beobachten: Der Kimono wurde mehr und mehr zur auf das diesseitige Leben gerichteten Distinktion oder Abgrenzung genutzt. Der Gebrauch des Kimonogewandes als Konkurrenzmittel zwischen und innerhalb der Stände zog eine weitere Differenzierung des Kimonos bezüglich der Variablen Farbe, Muster und Material nach sich.

Anmerkungen: Vgl. Coulmas 2003, S. 223 f., Kleinschmidt 2010, S. 59, Menegazzo 2008, S. 333–335 und Szimm 2011, S. 41.

5.2 Kimonohandel

Aufgrund der enormen Nachfrage nach Kimonogewändern in der Edo-Zeit dehnte sich auch der Kimonohandel aus, der vom Ausbau eines Wegenetzes mit Gasthöfen und Pferdestationen profitierte. Edo, die damals größte Metropole der Welt, stieg zum innerjapanischen Handelszentrum mit etlichen Kaufmannsvierteln auf, deren Entstehung die wachsende Bedeutung des Standes der Kaufleute spiegelte. In Edo entstanden zahlreiche Geschäfte rund um den Handel mit dem Kimono, etwa Stoff- und Schuhgeschäfte.

Der Kimonohandel der Edo-Zeit beschränkte sich fast ausnahmslos auf den regionalen Handel. Nicht nur weil der Kimono ein spezifisch japanisches Gewand war, sondern auch weil ein Fernhandel aufgrund der damaligen Abriegelung Japans gegenüber der Außenwelt, mit Ausnahme von China und Korea sowie Holland, so gut wie nicht stattfand.

Anmerkungen: Vgl. Coulmas 2003, S. 223 f., Kleinschmidt 2010, S. 59, Menegazzo 2008, S. 333–335 und Szimm 2011, S. 41.

6. Wissenschaft

Die industrielle Produktion von Kimonos (z. B. Einsatz von Chemiefasern, Anilinfarben und Webmaschinen) begann 1867, dem Jahr der Öffnung Japans gegenüber der Außenwelt. Traditionelle Kimonos wurden und werden jedoch weiterhin handwerklich gefertigt.
In diesem Kapitel werden diejenigen Technologien beleuchtet, die für die Herstellung traditioneller Kimonos besonders bedeutsam waren und sind, nämlich die Webtechnologie und die Färbetechnologie sowie die Technologiekombination. Der Schwerpunkt wird dabei auf die späte Edo-Zeit, die handwerkliche Blütezeit traditioneller Kimonos, gelegt.

6.1 Webtechnologie

6.1.1 Webfäden

Die Herstellung von Kimonostoffen erfolgte mit der Webtechnologie, bei der die edozeitlichen Weber pflanzliche und tierische Fäden, aber auch Metallfäden verarbeiteten.

- **Pflanzliche Fäden**

Pflanzliche Webfäden wurden durch das Verspinnen pflanzlicher Fasern gewonnen, die aus unterschiedlichen Bestandteilen Faser liefernder Pflanzen stammten: aus den Stängeln von Hanf und Flachs, den Blättern der Textilbanane (*musa textilis*) und den Samenhaaren der Baumwolle.

- **Tierische Fäden**

An tierischen Webfäden benutzten die Weber Fäden aus Seide. Diese Fäden wurden von wild lebenden und gezüchteten Seidenspinnern bei ihrer Verpuppung in Kokons (Seidenhüllen) gesponnen und später dann vom Menschen zum textilen Gebrauch abgehaspelt.

- **Metallfäden**

An metallenen Webfäden verwendeten die Weber Gold- und Silberfäden, die aus einem textilen Kern, der Seele, und einer metallenen Umwindung, dem Lahn, bestanden. Zu ihrer Erzeugung wurde um

einen leinenen, baumwollenen oder seidenen Grundfaden (Seele) ein Lahn gewunden. Als Lahne dienten zum einen flach gewalzte Metalldrähte und zum anderen vergoldete bzw. versilberte Streifen aus Papier, Leder oder Darm-Membran.
Metallfäden wurden nicht nur für Kimonogewebe (Brokat), sondern auch für Kimonostickereien (Gold- und Silberstickerei) gebraucht.

6.1.2 Webtechniken

Zum Weben der Kimonostoffe setzen die edozeitlichen Weber eine Vielzahl von Webtechnologien ein. Diese brachten unterschiedliche Gewebe hervor und beruhten auf unterschiedlichen Bindungsarten, wobei das Wort Bindung im webtechnologischen Zusammenhang die Art und Weise bezeichnet, in der die senkrechten Kettfäden und die waagrechten Schussfäden miteinander verkreuzt oder verbunden sind.

- **Leinwand, Köper, Atlas**

Zum einen griffen die Weber auf die Grundbindungstechnologien zurück, mit denen sie die drei Grundbindungsarten, nämlich Leinwand, Köper und Atlas (frz.: Satin), sowie deren zahlreiche Abwandlungen ausführten.

- **Damast, Broché, Brokat**

Zum anderen verwendeten die Weber zur Herstellung von Kimonostoffen spezielle Webtechnologien, die Gewebe mit ausgeprägten Musterungen hervorbrachten. Dazu gehörten beispielsweise Damast, Broché und Brokat.
Beim *Damast* (einer wohl aus dem syrischen Damaskus stammenden Webart) wurden Muster durch die Kontrastwirkung von zwei Bindungsarten, etwa von Köper und Atlas, unter Benutzung eines einzigen Kett-und Schusssystems erzielt.
Dagegen wurde beim *Broché* (broché, frz.: Stoff mit eingewebten, stickereiartig wirkenden Mustern) die etwa figürliche Musterung (z. B. Chrysantheme) durch den Eintrag eines zusätzlicher Broschierschusses vorgenommen.
Und beim *Brokat* (brocatto, ital.: gestickt) erfolgte die Musterbildung durch den Gebrauch von Gold- und Silberfäden, vor allem im Schuss.

Anmerkungen: Vgl. Gruber 1988, S. 149–156, Hecht 1991, S. 125 f., Heiden 1904, S. 6, 101, 346 u. 456, Lexikon 2000; 1990, Bd. 3, S. 708, Thiele 1986, S. 62 und Töpling 1977, S. 346.

6.2 Färbetechnologie

Zur Verzierung der gewebten Kimonostoffe setzten die Textilhandwerker der Edo-Zeit die Stick-, Applikations-, Mal- und Drucktechnologie ein. Vor allem aber bedienten sie sich der Färbetechnologie, und zwar in erster Linie der Reservierungsfärbetechnologie oder Reservetechnologie. Bei dieser Färbetechnologie wurden die Stellen, an denen das Muster erscheinen sollte, während des Färbens durch Reserven (Abdeckungen) gegen das Eindringen von Farbe geschützt. Das Muster erschien auf farbigem Grund ausgespart.
Die Anwendung der Reservetechnologie löste einen beachtenswerten Wandel im Stoffdesign des Kimonos aus. Im Unterschied zum einfarbigen *kosode*, dem mittelalterlichen Vorgänger des Kimonos, bei dem Muster *durch* Weben gebildet wurden, wurden beim mehrfarbigen Kimono der Edo-Zeit Muster weitgehend durch Reservefärben *nach* dem Weben erzielt.

6.2.1 Farbstoffe

Zum Reservefärben von Kimonostoffen gebrauchten die edozeitlichen Färber überwiegend pflanzliche, bisweilen auch mineralische und tierische Farbstoffe.

- **Pflanzliche Farbstoffe**

Pflanzliche Farbstoffe wurden aus den Bestandteilen einheimischer Pflanzen hergestellt. Zum Beispiel gewann man aus den *Rinden* der Erle Braun und denen der Bergkirsche Gelb, aus den *Blüten* der Färberdistel Rot und aus denen des Padogenbaumes Gelb, aus den *Blättern* der Indigo liefernden Pflanzen Färberknöterich und Oleander Blau und aus den *Wurzeln* der Krapppflanze Rot.

- **Mineralische Farbstoffe**

Mineralische Farbstoffe lieferten Wasser und Schlamm. Beispielsweise färbte eisenhaltiges *Wasser* ungefärbte Kimonostoffe dunkelorange und eisenhaltiger *Schlamm* zuvor gelb gefärbte Kimonostoffe braun.

■ Tierische Farbstoffe

Tierische Farbstoffe wurden etwa aus der rot färbenden Lackschildlaus gewonnnen.

6.2.2 Reservierungsfärbetechniken

Zum Reservefärben von Kimonogeweben wurde sowohl die Stoffreservierung (Abdecken von Stoffstellen) als auch die Garnreservierung (Abdecken von Garnstellen) herangezogen.

6.2.2.1 Stoffreservierung

An Stoffreservierungstechniken gebrauchten die Textilhandwerker der Edo-Zeit vor allem die *shibori*-Technik, die *katazome*-Technik und die *yutzen*-Technik.

■ Shibori

Das Wort *shibori* bedeutet Stoff mit weißen Flecken und bezieht sich auf mehrere Techniken, nämlich auf die Stoffreservierung durch: Falten (z. B. Falten des Stoffes in der Art eines Faltfächers), Nähen (z. B. Einziehen eines Fadens in den Stoff mit Vorstichen), Abbinden (z. B. zipfelförmiges Abbinden einzelner Stoffpartien mit einem Garn) und Umwickeln (z. B. Umwickeln eines serviettenartig eingerollten Kimonostoffes mit einer Schnur).

Mit diesen einfachen Reservierungstechniken erzielten japanische Färber eine Vielzahl an Mustereffekten („Flecken"), zum Beispiel Streifen, Punkte und Kreise, auf Kimonostoffen. Eine beeindruckende Fülle an *shibori*-Mustern wurde auch durch die Kombination von *shibori*-Techniken, etwa der Falt- und der Abbindetechnik, erzielt. Im außerjapanischen Sprachraum sind die *shibori*-Techniken Nähen und Abbinden übrigens unter ihren indonesischen Bezeichnungen Tritik und Plangi bekannt.

Abb. 2 *Shibori*-Techniken: Falten, Nähen, Abbinden und Umwickeln von Stoff

■ Katazome

Beim Einsatz der *katazome*-Technik erfolgte das Reservieren von Kimonostoffen mittels Schablonen aus farbundurchlässigem Material. Die *katagami*-Färberschablone beispielsweise wurde aus mit Kakibaumsaft imprägniertem Papier hergestellt. Auf dieses oder in dieses wurde ein Muster, etwa aneinander gereihte Wellen, gezeichnet oder eingestanzt und dann mit einem feinen Messer ausgestochen.

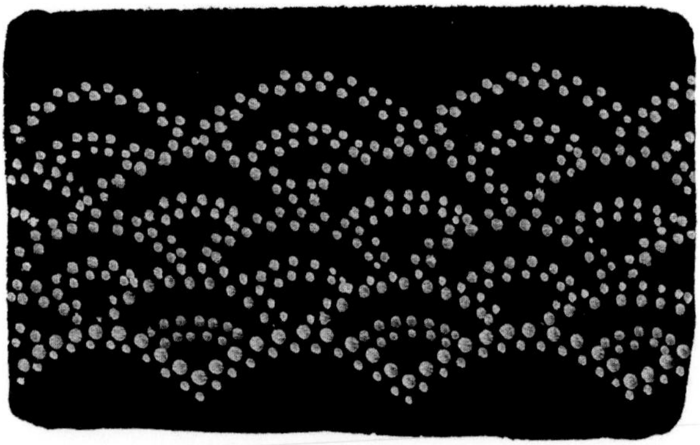

Abb. 3 Färberschablone mit eingestanztem Wellenmuster

Der Färber benutzte die fertige Schablone einerseits beim Auftragen einer pastenförmigen Reserve: Er legte die Schablone auf den Kimonostoff, trug mit einem Spatel eine Reispaste als Reserve auf und legte den pastenreservierten Stoff in ein Farbbad.
Andererseits setzte der Färber die fertige Schablone beim Auftragen von Farbe ein: Er legte die Schablone auf das Kimonogewebe und trug mit einem steifen Pinsel Farbe auf.

■ Yuzen

Eine besondere Bedeutung für die Musterung von Kimonostoffen in der Edo-Zeit hatte die *yuzen*-Technik; sie wurde nach Miyazaki Yuzen, einem Fächermaler der damaligen Zeit, benannt. Mit dieser Reservierungstechnik konnten nämlich aristokratische Brokate imitiert werden, deren Benutzung Bürgerlichen damals durch Luxusgesetze bzw. Kleiderordnungen verboten war.

Bei der *yuzen*-Technik reservierten Färber Kimonostoffe durch eine Reispaste, die sie freihändig und Muster bildend aufmalten. Die *yuzen*-Reservierung lässt sich in gewisser Weise mit der indonesischen Batik vergleichen, bei der jedoch keine Reispaste, sondern flüssiges Wachs als Schutzreserve dient.

Bei der Zubereitung der reservierenden Reispaste wurde das von einer klebrigen Reissorte (Reis ist das japanische Grundnahrungsmittel) gewonnene Reismehl mit Reiskleie unter Zugabe heißen Wassers verknetet, in einem etwa 1-stündigen Wasserbad gegart, mit einem Stößel zerkleinert, abgekühlt und mit Kalk und Salz stabilisiert und konserviert.

Zum reservierenden Malen füllten die *yuzen*-Färber die fertige Reispaste in ein spezielles „Mal-Gerät", dessen Aussehen sich mit einer spitzen Bonbontüte und dessen Funktionsweise sich mit einem Beutel für Spritzgebäck vergleichen lässt. Das *yuzen*- Mal-Gerät zeigte sich nämlich als eine mit dem Tannin (Gerbstoff) der Dattelpflanze präparierte Papiertüte, auf deren Spitze eine durchbohrte Eisenspitze aufgesetzt wurde. Durch Drücken auf diesen mit Reispaste gefüllten Papierbeutel wurden mit der aus der Eisenspitze austretenden Paste Muster auf das Kimonogewebe gemalt.

Abb. 4 *Yuzen*-Mal-Gerät mit aufgesetzter Eisenspitze

Nach dem Trocknen der Reispaste tauchten die Färber den pastenreservierten Kimonostoff in ein Farbbad und entfernten anschließend die Reisreserve durch Waschen.

6.2.2.2 Garnreservierung

Im Unterschied zur Stoffreservierung, bei der das Muster *nach* dem Weben auf dem Stoff aufgetragen wurde, wurde bei der Garnreservierung das Muster *vor* dem Weben auf das Garn aufgebracht.

An Garnreservierungstechniken zur Musterbildung auf Kimonos setzten die edozeitlichen Textilhandwerker neben einfachen Garnreservierungstechniken insbesondere die schwierige *kasuri*-Technik ein.

■ **Einfache Garnreservierungstechniken**

Zu den einfachen Garnreservierungstechniken zählten zum Beispiel die Reservierung des Garnes durch Knoten und die durch Flechten.

Bei der Knotenreservierung wurden auf dem Garn vor dem Färben im Farbbad Knoten angebracht (Knotenreserven), die nach dem Färben aufgeknüpft wurden. Das Weben eines Kimonostoffes mit durch Knoten reserviertem und anschließend gefärbtem Garn ergab ein schlichtes Fleckenmuster.

Dagegen wurde bei der Flechtreservierung das Garn vor dem Färben im Farbbad zu straffen Zöpfen zusammengebunden (Flechtreserven), die nach dem Färben aufgebunden wurden. Durch das Weben eines Kimonostoffes mit durch Zopfflechten reserviertem und anschließend gefärbtem Garn erhielt man Zufallmuster.

Abb. 5 Garnreservierung durch Knoten und Flechten

Bisweilen wurden Muster auf Garnen zum Kimonoweben auch direkt aufgebracht. Dazu wurde auf Garnbündel stellenweise Farbe mit einem Pinsel aufgetragen oder mit einem Stäbchen eingerieben.

■ Kasuri

Die weitaus schwierigste Reservierungstechnik zur Musterung von Kimonostoffen insgesamt war die *kasuri*-Technik, die allgemein unter der indonesischen Bezeichnung Ikat bekannt ist.

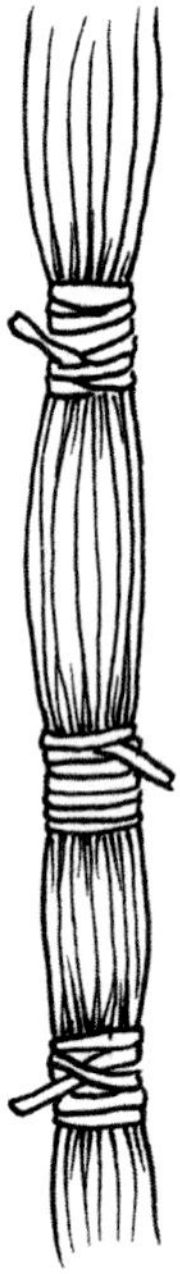

Abb. 6
Kasuri-Technik: Umwickeln von Garn

Bei der *kasuri*-Technik erfolgte die Garnreservierung durch Umwickeln: Das zum Weben vorgesehene Garn wurde an den Stellen, die ungefärbt bleiben sollten, mit einem Faden oder einer Schnur fest umwickelt und in ein Farbbad gelegt; nach dem Färben wurden die Garnreserven entfernt bzw. die Umwicklungen aufgeknüpft. Im Endeffekt wurde bei der *kasuri*-Technik die Reservierung von Stoff durch Umwickeln (*shibori*-Technik) auf die Reservierung von Garn übertragen.

Mit den in der *kasuri*-Technik gefärbten Garnen konnten die Weber einfache geometrische, aber auch anspruchsvolle figürliche Kimonomotive wie Kiefern, Kirschblüten und Kraniche weben. Damit diese Motive klar zum Vorschein kamen, wurden die *kasuri*-gemusterten Kimonostoffe grundsätzlich in der einfachen Leinwandbindung gewebt, bei der der Schussfaden im Wechsel über und unter einen Kettfaden geführt wurde.

Je nach Aufbringung der Muster bzw. Anbringung der Umwicklungen auf den Kett- oder den Schussfäden gab es bei der Musterung von Kimonostoffen drei *kasuri*-Verfahren mit steigendem technischen Schwierigkeitsgrad: erstens *tate kasuri* (Musterung auf der Kette), zweitens *yoko kasuri* (Musterung auf dem Schuss) und drittens *tate-yoko kasuri* (Musterung auf der Kette und auf dem Schuss). Insbesondere das *tate-yoko kasuri* war ein extrem schwieriges und zeitaufwändiges Verfahren, das von den Färbern und Webern der Edo-Zeit ein hohes Maß an textiltechnologischer Kompetenz erforderte.

Abb. 7 *Kasuri*-Motiv Kiefer

Anmerkungen: Vgl. Anawalt 2007, S. 201–205, Bühler 1963, S. 45–64, Futugami / Plötz 1983, S. 8 u. 14 f., Gruber 1988, S. 146, Hecht 1991, S. 130–137, Japanese handicrafts 2013, Menegazzo 2008, S. 308 f., Minnich 1963, S. 253 ff., Origami-Papier 2013, Seiler-Baldinger 1973, S. 117–122, Thiele 1986, S. 62 und Töpling 1977, S. 346 f.

6.3 Technologiekombination

6.3.1 Kombination von Textiltechnologien

Die edozeitlichen Textilhandwerker erzielten Muster auf Kimonostoffen nicht nur durch den Einsatz einzelner, sondern auch durch die Kombination mehrerer Technologien. So wurde etwa die Webtechnologie (z. B. Damasttechnik) mit der Reservierungstechnologie (z. B. *katazome*-Technik) oder mit der Sticktechnologie (z. B. Goldstickereitechnik) kombiniert.

6.3.2 Bingata-Stoffe

Ein besonders eindrucksvolles Beispiel für die Technologiekombination beim Design edozeitlicher Kimonostoffen gaben die berühmten *bingata*-Stoffe. Sie wurden – und werden auch heute noch – nur auf der Insel Okinawa hergestellt. Diese ist speziell für ihre außergewöhnliche Textilkultur (etwa für die Nutzung der *musa textilis*, der Textilbanane, als Faserstoff) und allgemein als Insel der Hundertjährigen bekannt.

■ **Bingata-Stil**
Die im *bingata*-Stil oder roten Stil gestalteten Kimonostoffe wurden mit Motiven aus der okinawanischen Inselnatur, etwa mit Wolken, Flüssen, Vögeln und Pflanzen verziert, die durch die Kombination von Reservierungstechnologien und Maltechnologien gebildet wurden.

■ **Reservierungstechniken**
An Reservetechniken verwendeten die *bingata*-Färber zum einen die *yuzen*-Technik (freihändiges Auftragen einer reservierenden Reispaste) und zum anderen die *katazome*-Technik (Auftragen einer reservierenden Reispaste mit einem Spatel über Schablonen aus von Maulbeerbaumblättern gewonnenem und mit Persimonen-Tannin beschichtetem Papier).
Die roten Farbtöne der reservegefärbten *bingata*-Stoffe wurden durch den Gebrauch pflanzlicher und tierischer Farbstoffe erzielt, die beispielsweise aus der Krapppflanze und aus der Lackschildlaus gewonnen wurden.

■ **Maltechniken**
Zum Bemalen der Kimonostoffe im *bingata*-Stil benutzten die *bingata*-Maler zwei Techniken: das Auftragen von Farbe mit einem feinen Pinsel und das Aufreiben von Farbe mit einem stumpfen Pinsel.
Bei den Maltechniken trug die Verarbeitung mineralischer Pigmente wie Zinnober und rotes Bleioxid (z. B. Mennige) zur aus nahezu zwei Dutzend Farbtönen bestehenden roten Farbpalette der *bingata*-Stoffe bei.

■ **Bingata-Produktion**
Die Herstellung der meist aus Baumwolle oder Seide gefertigten *bingata*-Kimonostoffe erforderte einen hohen Zeitaufwand. Es wurden nämlich nicht nur verschiedene Reservetechniken und Maltechniken kombiniert, sondern auch viele weitere Arbeitsschritte vorgenommen. Zu diesen gehörten zum Beispiel das Herstellen von Schablonen, das

Färben des Stoffes in mehreren Farbbädern, das Bemalen des Hintergrundes, das Hervorheben von Details, das Fixieren der Farbe durch Dampf sowie das Waschen und Trocknen des Stoffes.

Anmerkungen: Vgl. Anawalt 2007, S. 210 f., Bingata 2013, Japanese handicrafts 2013 und Origami-Papier 2013.

7. Mode

7.1 Kimonovorläufer und Kimono

Vorläufer des Kimonos waren die *junihitoe* und der *kosode*.

7.1.1 Junihitoe

■ Koreanische und chinesische Modevorbilder

Die Japanerinnen orientierten sich zunächst an koreanischen und chinesischen Modevorbildern. Wie japanische Tonfiguren und koreanische Wandbilder vermuten lassen, trugen die Japanerinnen in der Yamato-Zeit des 4. Jahrhunderts weite Hosen und Jacken / Kittel nach koreanischem Muster. Diese recht einfachen Kleidungsstücke wurden möglicherweise aus Korea importiert oder aus von dort eingeführten Geweben gefertigt.

In der stark von China beeinflussten Akusa-Zeit des 7. Jahrhunderts legten dann die Damen am Hof von Prinzregent Shotuku nach dem Vorbild chinesischer Hofdamen Roben aus Seidenbrokat an.

■ Junihitoe

In der höfischen Heian-Periode (794–1185) entwickelte sich eine vom chinesischen Einfluss losgelöste japanische Kultur. Dies wurde in einer eigenständigen japanischen Hofmode besonders augenscheinlich. Die adligen Damen am kaiserlichen Hof von Heiankyo bekleideten sich nämlich mit der japanischen *junihitoe*, einem Zwölf-Schichten-Gewand.

Genau genommen bezeichnet das Wort *junihitoe* (zwölf Schichten) nicht ein bestimmtes Kleidungsstück, sondern eine bestimmte, nämlich mehrlagige, Bekleidungsweise: Die japanische *junihitoe* der Heian-Zeit bestand aus mehreren ungefütterten Seidenstofflagen in jeweils einer anderen dominierenden Farbe. Diese wurden so übereinander gelegt bzw. geschichtet, dass von jeder Stofflage am Halsausschnitt und an den offenen und sehr weiten Ärmeln ein Stoffstückchen oder ein Stoffstreifen zu sehen war. Dadurch ergab sich an diesen exponierten Stellen eine Mehrfarbigkeit.

Aus ästhetisch-distinktiver Perspektive lässt sich die *junihitoe* der Heian-Ära durchaus als vestimentäres Meisterwerk, als den ersten

Abb. 8 Mehrlagige *junihitoe*

Höhepunkt der japanischen Kleidungskultur bezeichnen. Aus physiologisch-praktischem Blickwinkel betrachtet, war die *junihitoe* jedoch eine die Bewegungsfreiheit der Trägerin stark einengende Robe. So konnte die dem Namen nach auf 12 Schichten beschränkte *junihitoe* in Wirklichkeit aus über 20 Lagen bestehen und ein Gewicht von über 20 kg aufweisen.

Junihitoe werden schon seit langer Zeit nicht mehr produziert und heutzutage nur von Mitgliedern des japanischen Kaiserhauses bei außergewöhnlichen Anlässen angelegt. Eine aus dem 11. Jahrhundert stammende *junihitoe* wurde beispielsweise von Prinzessin Masako 1993 anlässlich ihrer Hochzeit mit Kronprinz Naruhito getragen.

7.1.2 Kosode

■ Untergewand

Unter der prächtigen, mehrlagigen und mehrfarbigen *junihitoe* zog der weibliche Hofadel der Heian-Zeit ein schlichtes, einlagiges und einfarbiges Untergewand aus weißer Seide an: den *kosode*. Der Name *kosode* (schmale Ärmel, Kleinärmel) macht darauf aufmerksam, dass dieses Untergewand nicht wie die *junihitoe* weite und offene Ärmel, sondern schmale und geschlossene Ärmel besaß.

■ Obergewand

Stand für den Hofadel die ästhetisch-distinktive Funktion der Kleidung an erster Stelle, so trat für den in der kriegerischen Zeit des Mittelalters herrschenden Schwertadel die physiologisch-praktische Funktion der Kleidung in den Vordergrund. Dies lässt sich an der Kleidung der Samurai-Frauen beobachten.

Anfangs, in der frühmittelalterlichen Kamukara-Zeit, bekleideten die Frauen der Samuraikrieger ihren Unterkörper mit einem weiten Hosenrock (*hakama*) und ihren Oberkörper mit mehreren Schichten gefütterter Ärmelkleider (*uchiki*).

In der spätmittelalterlichen Muromachi-Zeit begannen die Samurai-Frauen dann ihre Ärmelkleider Schicht um Schicht abzulegen und zogen stattdessen den *kosode* zur *hakama* an. Das heißt, die Samurai-Frauen gebrauchten den *kosode* nicht wie die Damen des Hofadels als Untergewand, sondern benutzten ihn als Obergewand. Ein vergleichbarer kleidungsbezogener Funktionswandel lässt sich übrigens auch am westlichen T-Shirt beobachten, das sich Mitte des 20. Jahrhunderts von einem Unterhemd amerikanischer Soldaten zu einem modischen Oberhemd bzw. Oberteil für beide Geschlechter entwickelte.

Gegen Ende des Mittelalters trugen die Frauen der japanischen Krieger den *kosode* dann auch ohne *hakama*. Durch diese neue Trageweise wurde der *kosode* zwangsläufig länger.

Bezüglich des Wandels des *kosode* von einem Unter- zu einem Obergewand ist noch hinzuzufügen, dass der *kosode* – wie Abbildungen und Schriftquellen zeigen – vom einfachen Volk schon in frühmittelalterlicher Zeit als Obergewand angelegt wurde.

▪ Alltagskleidungsstück

In der frühneuzeitlichen Edo-Zeit (1603–1868) avancierte der einlagige *kosode* zum bevorzugten Kleidungsstück aller Stände. Im Unterschied zur *junihitoe* fungierte der *kosode* der frühen Neuzeit als ein klassen- und geschlechtsloses Kleidungsstück. Er wurde nämlich nicht wie das Zwölf-Lagen-Gewand *junihitoe* nur von der Oberschicht und von Frauen, sondern von Jedermann und „Jederfrau“, unabhängig von deren Schichtzugehörigkeit, getragen. In der feudalen Edo-Periode stieg der *kosode* endgültig zum Alltagskleidungsstück für alle auf.

Abb. 9 Einlagiger Frühlings-*kosode* der Edo-Zeit

7.1.3 Kimono

Nach der Öffnung Japans setzte sich dort zunehmend die westliche Kleidung gegenüber der traditionellen japanischen Kleidung durch. Aufgrund der gravierenden Unterschiede zwischen diesen beiden Kleidungskonzepten wurde begrifflich zwischen *yōfuku* (westliche Kleidung) und *wafuku* (traditionelle japanische Kleidung) differenziert und es kam im Laufe der Zeit zu Umdeutungen und Umbenennungen einiger traditioneller japanischer Kleidungsstücke. In diesem Zusammenhang wurde zu Beginn des 20. Jahrhunderts der *kosode* in *kimono* umbenannt – wohl um dem *kosode* einen neuen moderneren Namen zu geben bzw. um den Aufstieg des *kosode* zum beliebtesten japanischen Kleidungsstück und dessen Ausdifferenzierung in der Edo-Zeit semantisch herauszustellen und zu betonen.

Mit dieser Namensgebung wurde das Wort *kimono* jetzt in einem weiten und in einem engen Sinne gebraucht. Im weiten Sinne bedeutet der japanische Begriff *kimono* (*ki*: Anziehen; *mono*: Gegenstand, Sache) ganz allgemein: Anziehsache, Anziehgegenstand, Zeug zum Anziehen. Dagegen bezeichnet das japanische Wort *kimono* im engen Sinne ein ganz bestimmtes Kleidungsstück, nämlich den in der Edo-Zeit bevorzugt getragenen Anziehungsgegenstand *kosode*.

Der Begriff Kimono wurde dann in westliche Länder als Lehnwort übernommen und bezeichnet dort das von Frauen, Männern und Kindern getragene klassische japanische Gewand beziehungsweise die traditionelle japanische National- oder Volkstracht. Es ist letztlich gleichbedeutend mit dem seit der Edo-Zeit als Alltagskleidung für alle Japanerinnen und Japaner fungierenden *kosode*-Gewand.

Anmerkungen: Vgl. Anawalt 2007, S. 195–198 u. 210, Coulmas 2003, S. 218–222, 228 u. 231 und 2011, S. 15 f., Dalby 2001, S. 32–39, Geller 1990, S. 58–64, Gostelow 1980, S. 253 f., Hielscher 2007, S. 97, Kimono 2013, Loschek 1988, S. 280, Menegazzo 2008, S. 280, 301 u. 303 und Wisniewski 1996, S. 145.

7.2 Kimonotrends

7.2.1 Kimonoschnitt

Der klassische Kimono zeigt eine rechteckige Grundform, nämlich die T-Form. Im Unterschied zu westlichen Kleidungsstücken ist der Kimono durch eine, unabhängig von Größe, Gewicht und Geschlecht, konstante Form gekennzeichnet.

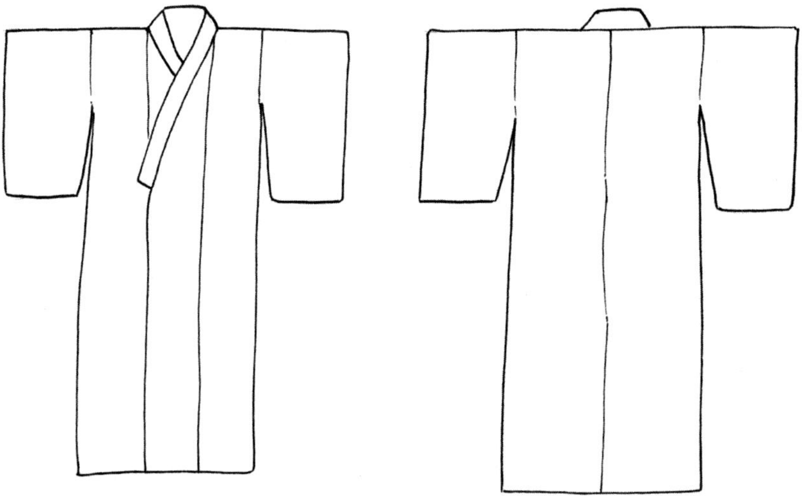

Abb. 10 Vorder- und Rückseite des Kimonos

Das knopflose Kimonogewand weist keinen Tailleneinschnitt auf und wird knöchellang getragen. Es besteht aus einem rechteckigen Vorder- und Rückenteil, zwei rechtwinklig angesetzten Ärmeln und einem angesetzten Kragen.

Auf dem Rückenteil befindet sich eine Mittelnaht, die die beiden Hauptteile (Vorder- und Rückenteil) miteinander verbindet. Der an der Vorderseite durchgehend offene Kimono wird beim Tragen von links nach rechts übereinander geschlagen und mit einem Gürtel, dem *obi*, zusammengehalten. Die rechtwinkling angesetzten Ärmel kommen in unterschiedlichen Weiten, Längen und Formen vor. Beim

Kragen handelt es sich um einen schmalen vorne heruntergezogenen Schal- oder Klappkragen.

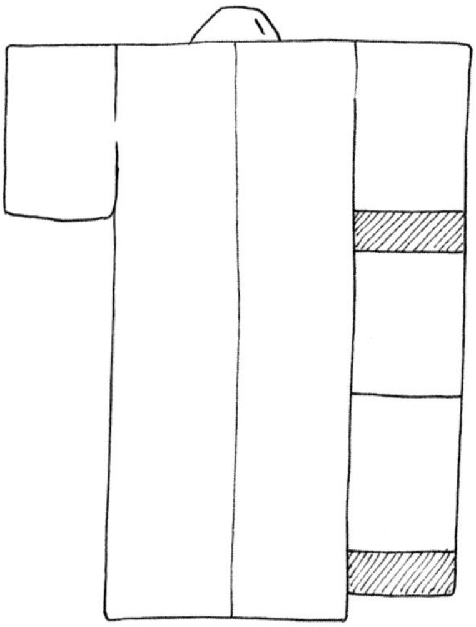

Abb. 11 Unterschiedliche Ärmellängen des Kimonos

Der Kimono wird – unter ökonomischer und ökologischer Perspektive bemerkenswert – aus *einem* Stoffballen gefertigt. Für Frauenkimonos beträgt die Ballenbreite 30 cm und für Männerkimonos 40 cm.

7.2.2 Kimonomaterial

Für die Herstellung von *kosode* und Kimono und wurden im Laufe der Zeit unterschiedliche Materialien eingesetzt. Dies lässt sich sowohl in der sozialen, als auch in der sachlichen, zeitlichen und räumlichen Dimension aufzeigen.

▪ Sozialdimension

Im Mittelalter – und dies betrifft die Sozialdimension – war beim *kosode* eine Materialhierarchie nach der Kategorie Stand zu beobachten. Einfache Leute trugen ihren *kosode* aus billigen, schlichten, anspruchslosen und strapazierfähigen Stoffe: Der *kosode* des Nichtadels wurde aus pflanzlichen Fasern, hauptsächlich aus Leinen, aber auch aus Hanf hergestellt. Dagegen wählten Hofadlige für ihren *kosode* kostbare, hochwertige und erlesene Stoffe: Der *kosode* des Hofadels wurde aus der tierischen Faser Seide gefertigt.

Die ständische Materialhierarchie des Mittelalters blieb in der frühen Neuzeit bestehen. Der Hofadel benutzte weiterhin wertvolle Seidenstoffe und der Nichtadel schlichte Stoffe auf pflanzlicher Basis für das *kosode*-Gewand; allerdings gebrauchte das einfache Volk ab dem 17. Jh. vorzugsweise Baumwolle statt Leinen bzw. Hanf als Material. An die Stelle der im Mittelalter vorrangigen Materialdifferenz von Seide und Leinen trat somit in der frühen Neuzeit die Materialunterscheidung von Seide und Baumwolle beim *kosode*-Gewand.

Ab dem neuzeitlichen 20. Jahrhundert erstreckte sich die hierarchische Differenzierung des Kimonomaterials nicht mehr nur auf den Stand (z. B. Kaiser), sondern auch auf den Rang (z. B. Höherstehender), den Beruf (z. B. Geisha) und die Passion (Kimonoliebhaber). Die Angehörigen dieser Personengruppen tragen bis heute – nicht zuletzt aus Distinktionsgründen – in Handarbeit als Einzelstücke gefertigte und gestaltete Kimonos aus hochwertigen Seidenstoffen, sie tragen gewissermaßen „Haute-Couture-Kimonos".

■ Sachdimension

Bedeutsame Differenzierungen des Kimonomaterials in Bezug auf die Sachdimension zeigten sich im 20. Jahrhundert. Kimonostoffe wurden zum einen nicht mehr nur aus natürlichen (z. B. Seide und Baumwolle), sondern auch aus künstlichen Faserstoffen (z. B. Polyester) hergestellt. Da die neuen Kimonostoffe aus Chemiefasern billiger und leichter zu pflegen waren, trugen sie in gewisser Weise zu einer Demokratisierung der Kimonomode bei. Zum anderen wurden die Kimonostoffe nach dem jeweiligen Trageanlass des Gewandes unter Berücksichtigung der Differenz von formell (z. B. Hochzeit) und informell (z. B. Freizeit) ausgewählt.

■ Zeitdimension

Bezüglich der Zeitdimension war eine Differenzierung des Kimonomaterials nach der Kategorie Jahreszeit zu erkennen. Japaner und Japanerinnen der Neuzeit trugen und tragen in den wärmeren Monaten Kimonos aus Materialien mit einer niedrigen Wärmehaltigkeit (z. B. leichte Baumwoll- und Leinenstoffe) und in den kälteren Monaten Kimonos aus Materialien mit einer höheren Wärmehaltigkeit (z. B. gefütterte Seidenstoffe und wattierte Säume).

- **Raumdimension**

Bei der Auswahl des Kimonomaterials spielte auch die Raumdimension eine Rolle. Die neuzeitlichen Japanerinnen und Japaner legten und legen etwa zum Tempelgang Kimonos aus kostbaren Seidenstoffen und zum Aufenthalt in einem *ryokan* (Gasthof) Kimonos aus praktischen Baumwollstoffen an.

7.2.3 Kimonofarbe

- **Sachdimension**

Bezüglich der Sachdimension wird bei der Entscheidung für eine Kimonofarbe der Trageanlass berücksichtigt. Zum Beispiel trägt die Braut bei der Hochzeit den weißen Hochzeitskimono. Dagegen legen anlässlich eines Trauerfalls die Angehörigen des Verstorbenen den schwarzen Trauerkimono an.

- **Sozialdimension**

Im Hinblick auf die soziale Dimension spielt bei der Wahl von Kimonofarben der Träger eine Rolle. Beispielsweise bevorzugen Maikos eine Vielfalt an leuchtenden Farben für ihre Kimonos und kommunizieren damit Jugend und Mädchenhaftigkeit. Geishas dagegen wählen gedeckte, unauffällige Kimonofarben und bringen dadurch ihre frauliche Reife zum Ausdruck. Bei offiziellen Anlässen jedoch legen sowohl Maikos als auch Geishas schwarze Kimonos als Zeichen der Festlichkeit an.

- **Zeitdimension**

Bei der Farbwahl des Kimonos – und dies betrifft die Zeitdimension – kommt der Jahreszeit eine hohe Bedeutsamkeit zu. Die durch Wandel und Vergänglichkeit gekennzeichnete Jahreszeit steht in gewisser Weise mit dem Buddhismus in Verbindung, dessen Anhänger die Vergänglichkeit der eigenen Existenz sowie aller Dinge und Lebewesen akzeptieren und das Anhaften an diesen ablehnen. Japanerinnen wählen für Frühlingskimonos kühle, blasse und helle Farben (z. B. Silber-,

Blau- und Grüntöne), für Sommerkimonos kräftigere hellere Farben (z. B. Rosa, Gelb und Rot), für Herbstkimonos dunkle warme Farben (z. B. Violett- und Grünabstufungen) und für Winterkimonos eine Vielfalt an Blaunuancen, aber auch fröhliche, heitere und helle Farben (z. B. Gelb und Orange).

7.2.4 Kimonomuster

Der japanische Kimono ist, trotz seiner Gleichheit im Schnitt, ein individuelles Kleidungsstück. Die Verschiedenheit japanischer Kimonos zeigt sich vor allem in ihrer Mustervielfalt.

7.2.4.1 Chinesische Motive

Beim Kreieren von Kimonomustern greifen japanische Textildesigner oftmals auf chinesische Motive wie Drachen, Bambus, Welle und Wolke zurück. Bei diesem Revival aus einem anderen asiatischen Kulturkreis werden dessen Motive jedoch nicht einfach kopiert. Vielmehr werden sie auf eine neue Art und Weise gestaltet und anders angeordnet: sie werden japanisiert.

7.2.4.2 Motive aus der Natur

Japanische Kimonomuster-Entwerfer lassen sich besonders von der heimischen Natur inspirieren. Beachtenswert ist in diesem Zusammenhang, dass die japanischen Textildesigner auf Kimonos nicht einfach nur die japanische Natur auf kreative Weise abbilden, sondern dass die von der Natur angeregten Kimonomotive auch jeweils eine symbolische Bedeutung haben.
Zu den von der Natur inspirierten symbolgeladenen Kimonomotiven zählen etwa das Tiermotiv Kranich sowie die Pflanzenmotive Chrysantheme und Kirschblüte.

- **Kranich**

Das Kranichmotiv haben die Japaner von den Chinesen übernommen. Daran erinnert durch seinen Namen der an seinem roten Schopf zu erkennende und im nordjapanischen Kushiro-Nationalpark zu bewundernde Mandschureikranich.
Der Kranich ist einerseits das beliebteste *origami*-Motiv. Diese Kunst des Papierfaltens wird mit dem speziellen *origami*-Papier ausgeführt, das eine farbige Vorder- und eine weiße Rückseite aufweist. Gefaltete

Papierkraniche gelten in Japan als Glücksbringer. Sie werden zum Beispiel an Geburtstagskinder, Hochzeitspaare und Kranke verschenkt. Eine Sage besagt, dass derjenige, der 1.000 Kraniche faltet, einen Wunsch von den Göttern erfüllt bekommt. Eine besondere Bedeutsamkeit erlangten gefaltete Papierkraniche im Zusammenhang mit dem Atombombenabwurf der Amerikaner in Hiroshima am 6.8.1954. Damals versuchte ein radioaktiv verseuchtes Mädchen sich und seine Familie durch das Falten von Papierkranichen zu retten. Seither gilt der *origami*-Kranich als Symbol für Frieden und atomare Abrüstung. Noch heute sind an Schnüren aufgereihte gefaltete Papierkraniche am Kinderdenkmal in Hiroshima zu sehen.

Abb. 12 Kimonomotiv Kranich

Andererseits ist der Kranich in Japan ein beliebtes Kimonomotiv, das Glück und Treue symbolisiert. Die Glücksvorstellung richtet sich dabei auf das Leben und auf den Tod: Kranichmotive auf Kimonos stehen sowohl für ein langes und erfülltes Leben als auch dafür, dass die Seele nach dem Tod auf dem Rücken eines Kranichs in den Himmel getragen wird – eine Parallele zur vom Ahnenglauben beeinflussten Symbolik der Vogelmotive auf ostsumbanesischen Ikats. Die Treuesymbolik des textilen Kranichmotivs lässt sich auf das Paarverhalten von Kranichen zurückführen. Kranichpaare bleiben einander ein Leben lang treu bzw. solange, bis dass der Tod sie scheidet.

Japaner dekorieren ihre Kimonos mit dem Glücks- und Treuesymbol Kranich zum einen in naturgetreuer Form. So sind auf Kimono-Gewändern beispielsweise gestickte Kraniche mit gespreizten Federn beim Abflug zu sehen. Zum anderen verzieren Japaner ihre Kimonos mit stilisierten, etwa aufgedruckten Kranichen.

- **Chrysantheme**

Japan importierte etwa 700 n. Chr. die Chrysantheme aus China, die dort ein langes Leben symbolisiert. Die außerordentliche Beliebtheit dieser eingeführten Zierpflanze lässt sich daran erkennen, dass es im 17. Jahrhundert bereits über 300 verschiedene Chrysanthemenarten in Japan gab.

Im Land der aufgehenden Sonne hat die Chrysantheme *erstens* eine jahreszeitliche Symbolik. Diese Pflanze ist ein Kennzeichen für den Herbst bzw. die Blume des Monats September. Im Herbst werden an vielen Schreinen Chrysanthemenfeste veranstaltet, bei denen die beliebten Chrysanthemenpuppen (das sind Puppen aus Chrysanthemenblüten) zu sehen sind. Verständlicherweise werden Herbstkimonos oftmals mit Chrysanthemenmotiven gestaltet.

Indem die Chrysantheme aufgrund der strahlenförmigen Anordnung ihrer Blütenblätter die Sonne versinnbildlicht, besitzt sie *zweitens* eine politische Symbolik. Unter politischer Perspektive fungiert die Chrysantheme einerseits als japanische Nationalblume: Die auf der japanischen Flagge zu sehende rote Sonne auf weißem Grund stellt nämlich eine stilisierte Chrysantheme dar.

Andererseits dient die Chrysantheme unter politischem Blickwinkel als kaiserliche Blume bzw. als Emblem (*mon*) des japanischen Kaiserhauses: Denn die die Sonne repräsentierende Chrysantheme verweist auf die direkte Abstammung des japanischen Kaisers von der Sonnengöttin Amaterasu. Bezeichnenderweise wird der japanische Kaiserthron deshalb mitunter Chrysanthementhron genannt. Stilisierte Chrysanthemen werden sowohl als Dekoration auf dem kaiserlichen Familienwappen verwendet als auch als auch zur schmückenden Auszeichnung auf den Kimonos der kaiserlichen Familien genutzt. Zum Beispiel sind auf dem Kimono des Kaisers stilisierte Chrysanthemen mit jeweils 16 Blütenblättern zu sehen und auf den Kimonos der Söhne und Brüder des Kaisers stilisierte Chrysanthemen mit 14 Blütenblättern zu bewundern.

Abb. 13 Kimonomotiv Chrysantheme

■ Kirschblüte

Als ein besonders Japan typisches Motiv gilt die Kirschblüte (*sakura*). Der japanische Kirschbaum zeichnet sich im Frühjahr durch eine überreiche Fülle rosa-weißer Blüten aus, bringt aber keine genießbaren Früchte hervor; er ist somit ein Zier- und kein Nutzbaum.

Abb. 14 Kimonomotiv Kirschblüte

Zu Ehren der Kirschblüte feiern die Japaner im Frühjahr das *hanami*-Fest, das Fest des Blütenschauens. Es zählt zu den beliebtesten Festen Japans und ist zudem das bekannteste japanische Fest weltweit.

Die japanische Kirschblüte symbolisiert einerseits den Frühling. Zur *sakura*-Zeit sind blühende Kirschzweige beispielsweise als Blumengestecke und als Motiv auf den Frühlingskimonos zu sehen.

Andererseits steht die *sakura* für Kurzlebigkeit und Vergänglichkeit. Diese Symbolik wird etwa daraus ersichtlich, dass ein Samurai, der im Jugendalter, in der Blüte seines Lebens, im Kampf fiel, als *sakura* bezeichnet wurde. Einen besonders eindrucksvollen Hinweis auf die Vergänglichkeitssymbolik gibt ein Kirschblütensturm (*hanfbuki*).

7.2.4.3 Jahreszeitliche Motive

Die große Bedeutung der Jahreszeiten in der japanischen Kultur beruht auf dem Reisanbau. Dieser bestimmte in der früheren japanischen Agrargesellschaft den Rhythmus des Lebens, der sich nach dem jahreszeitlichen Wechsel von Pflanzen im Frühjahr und Ernten im Herbst richtete. Selbst in der heutigen japanischen Industriegesellschaft werden noch viele jahreszeitliche Feste gefeiert – ein Hinweis auf die starke Verbundenheit der Japaner mit den Jahreszeiten. Zu diesen Festen zählen vor allem die Blütenfeste (z.B. das Kirsch-, das Pflaumen- und das Azaleenblütenfest) und die *matsuri*, die großen Gemeindefeste der Shintoschreine im Frühling und Herbst.

Ebenso finden sich im japanischen Alltagsleben zahlreiche Hinweise auf den japanischen Jahreszeitenkult, u.a. bei der Dekoration des Teezimmers. Dort sind beispielsweise neben jahreszeitlich ausgewählten Rollbildern (z.B. Schneelandschaft im Winter) zur Jahreszeit passendes Geschirr (z.B. farbenfrohes Geschirr im Sommer) und der Jahreszeit entsprechende *ikebana*-Gestecke (z.B. rot gefärbte Ahornblätter im Herbst) anzutreffen.

Bei der Verzierung des Kimonos zeigt sich das ausgeprägte Gefühl der Japaner für Jahreszeiten in besonderem Maße. Kimonos lassen sich nämlich nach ihren jahreszeitlichen Motiven unterteilen in: Frühlingskimonos (z.B. Kirschblüte) Sommerkimonos (z.B. Trichterwinde), Herbstkimonos (z.B. Chrysantheme) und Winterkimonos (z.B. Kiefer).

Sogar monatsweise werden unterschiedliche Kimonomotive gewählt, zum Beispiel: Kiefer und Bambus (Januar/Februar), Kirsche und Schmetterling (März/April), Schwertlilie und Vögel (Mai/Juni), Bachstelze und Wellen (Juli/August), Ahorn und Chrysantheme (September/Oktober) sowie Kiefernadeln und Gingko (November/Dezember).

7.2.4.4 Mon-Motive

Mon sind japanische Symbole, Zeichen oder Embleme, die mit dem Gebrauch der Wappen in der Heraldik der westlichen Welt vergleichbar sind – beispielsweise mit der Nutzung des an der Schottenmütze (*bonnet*) angebrachten *badge* (Wappenzeichen), das als schottisches Clanabzeichen fungiert.

Mon besitzen in Japan eine lange Tradition. Sie wurden dort seit dem 15. Jahrhundert von Kriegern zur Kennzeichnung von Flaggen, Zelten und Schilden verwendet sowie von Familien zur Kennzeichnung von Fuhrwerken und Gewändern benutzt.

Ein neuzeitliches *mon* zeigt sich als stilisiertes Zeichen in einem Kreis, das an einem Kimono etwa durch Malen, Drucken, Sticken oder Applizieren angebracht wird, um die Familienzugehörigkeit seiner Trägerin oder seines Trägers zu kommunizieren.

Mon basieren auf geometrischen (z.B. Sechseck), floralen (z.B. Chrysantheme) und animalen (z.B. Kranich) Grundformen. Das höchstrangige japanische Familienwappen ist der *mon* des Kaiserhauses: die stilisierte Chrysantheme.

Ein Familienwappen wird bis zu 5-mal auf einem Kimono angeordnet, und zwar auf dessen Vorder- und Rückseite.

Abb. 15 Anordnung von Familienwappen und *mon*-Motiv Pflaumenblüte

7.2.4.5 Anordnung der Kimonomuster

Grundsätzlich können einfarbige und gemusterte Kimonos unterschieden werden. Bei gemusterten Kimonos lassen sich verschiedene Formen der Gestaltung erkennen, zum Beispiel die Verteilung der Motive über den gesamten Kimono, die waagrechte oder die senkrechte Gliederung des Kimonos durch Farben und Muster und die Aufteilung des Kimonos in zwei Gewandhälften mit je unterschiedlichen Farben und Mustern. Die Aufteilung eines Gewandes in zwei Gewandhälften durch Farben und Muster war übrigens unter dem Namen *mi-parti* (frz., halb geteilt) eine gängige vestimentäre Gestaltungstechnik im europäischen Mittelalter.

Anmerkungen: Vgl. Alderton u.a. 2008, S. 174–287, Berger u.a. 2011, S. 150f., Billeter 1965, Cole 2005, S. 51, 54 u. 61, Coulmas 2011, S. 37f. u. 41–43, Dalby 1993, 176f. und 2001, S. 196–198 u. 233–235, Das neue Duden Lexikon 1984, Bd. 5, S. 1890 und Bd. 6, S. 2405, Dingemann 2007, S. 30 u. 145, Ducke u.a. 2011, S. 151, Fleck 1986, S. 138ff. u. 156ff., Gibson 2000, S. 51, 95, 108 u. 123, Goergen / Vougioukas 2011, S. 28ff., Gostelow 1980, S. 264f., Heller 1995, S. 89ff. u. 145ff., Kleinschmidt 2010, S. 24f., 30, 63, 127 u. 152, Kohlmüller 2010, S. 88–91, Liew 2010, S. 27f. u. 31, Menegazzo 2008, S. 302, 307–309, 311 u. 338, Osang 2011, S. 52ff., Pott 2008, S. 184 u. 190, Sakagawa 2006, S. 60ff., 104f. u. 141f., Schmidt 2012, S. 33, Schrenk 2009, S. 88ff. u. 156ff., Seibert / Wolff 2006 / 2007, S. 46ff., Sprotte 2008, S. 27f., Streuer 2011, Thiel 1980, S. 102, 140 u. 153, Thiele 1986, S. 7ff. u. 64–67, Töpling 1977, S. 10, 91f., 102 u. 348f., Tradition in Seide 2011, S. 108f. und Wisniewski 1996, S. 177.

7.3 Kimonogürtel

7.3.1 Obi

■ **Funktion**

Im Land der aufgehenden Sonne banden die Menschen anfangs das Kimono- bzw. das *kosode*-Gewand mit einem einfachen schmalen Gürtel zusammen. Seit der frühneuzeitlichen Edo-Epoche verschlossen sie es aber mit einem wesentlich breiteren und kostbareren schärpenartigem Gürtel, dem *obi*.

Abb. 16 *Obi* mit geflochtenem *obi*-Band

Besaß der einfache Kimonogürtel lediglich eine praktisch-verschließende Funktion, so wies der *obi* zusätzlich eine ästhetisch-soziale Funktion auf. Dadurch, dass in der Edo-Zeit zur Herstellung von *obi* auch wertvolle aus China importierte Brokat- und Seidengewebe eingesetzt wurden, avancierte der Kimonogürtel damals von einem bloß praktischen Accessoire mit Verschlussfunktion zu einem Rang und Reichtum kommunizierenden Accessoire mit Distinktions- oder Abgrenzungsfunktion.

Der *obi* entwickelte sich sogar zu einem dem Kimono gleichwertigen Bekleidungselement. Entsprechend der aufsteigenden Rangfolge vom einfachen Alltagskimono zum förmlichen Kimono entstand eine hierarchische Differenzierung, die vom einfachen Alltags-*obi* bis zum förmlichen Festtags-*obi* reichte. Diese Rangordnung zeigte sich als eine vierstellige Materialhierarchie, die von Nicht-Seidengeweben (z. B. Baumwolle, Hanf, Wolle) über ungefärbte und gefärbte Seidengewebe bis zu Brokatgeweben reichte.

Heutzutage benutzen die Japaner hauptsächlich zwei Arten von *obi*, den weichen *heko* und den steifen *kaku*. Im Unterschied dazu gebrauchen die Japanerinnen eine Vielfalt an *obi*. Meist tragen die japanischen Frauen einen farblich auf den Kimono abgestimmten, häufig mit

Silber- und Goldfäden bestickten *obi* aus Seide bzw. die Geishas aus Seide oder Samt.

Welche Bedeutung dem Kimonogürtel in der heutigen Zeit zukommt, lässt sich am Preis ermessen. Der *obi* ist nämlich meist teurer als der Kimono selbst. So kann ein Festtags-*obi* durchaus um das Zehnfache teurer sein als der zugehörige Kimono. Dies erklärt auch, warum ein *obi* oftmals von Generation zu Generation weitergegeben bzw. vererbt wird. Abgesehen davon werden zu einfachen Kimonos auch weiterhin einfache *obi*, etwa aus dem Stoff des Kimonos, angelegt.

■ **Maße**

Der *obi* besteht üblicherweise aus einer 60cm breiten und 3.65m bis 4.00m langen Stoffbahn. Diese wird mit einem Seidenfutter versteift, der Länge nach mittig gefaltet und an den offenen Kanten zusammengenäht.

An der Breite und Länge des *obi* lassen sich Maikos und Geishas unterscheiden. Maikos ziehen grundsätzlich recht breite *obi* an. Dagegen legen Geishas zum Alltagskimono etwas schmälere, zum festlichen Kimono jedoch ebenfalls breitere *obi* an. Außerdem tragen Maikos den *obi* auf der Rückseite des Körpers oft in einer Art Schleppe wadenlang. Auf dessen Ende ist mitunter das *okiya*-Wappen seiner Trägerin (das ist das Wappen des *okiya*, in dem die Maiko lebt) zu sehen. Einen *obi* mit knielanger „Schleppe" binden Geishas nur bei festlichen Anlässen um.

■ **Trageweise**

Japanische Frauen wickeln den *obi* in mehreren Lagen um die Körpermitte und binden ihn auf dem Rücken zusammen. Auch die Geishafrauen bringen die *obi*-Knotung auf dem Rücken an und grenzen sich dadurch augenscheinlich gegenüber Kurtisanen und Prostituierten ab, die den *obi* vorne knoten – angeblich, um sich schnell entkleiden zu können.

Der *obi* erstreckt sich bis an oder über die Brust, wobei die Tragehöhe die Keuschheit seiner Trägerin symbolisiert. Bei jungen Mädchen und Maikos reicht der *obi* über die Brust und fungiert als Zeichen jungfräulicher Reinheit. Dagegen endet der *obi* bei Frauen und Geishas unterhalb der Brust und ruft eine eher sinnliche Wirkung hervor.

■ Schleifenbindungen

Zum Verknoten bzw. Zusammenbinden des *obi* wurden im Laufe der Zeit unzählige Schleifenbindungen praktiziert, von denen heute zwar noch etwa 500 bekannt sind, aber nicht mehr alle ausgeführt werden. Diese Schleifenbindungen lassen häufig Inspirationen aus der Natur (z. B. kunstvoll gefaltete Tiere und Pflanzen) erkennen.

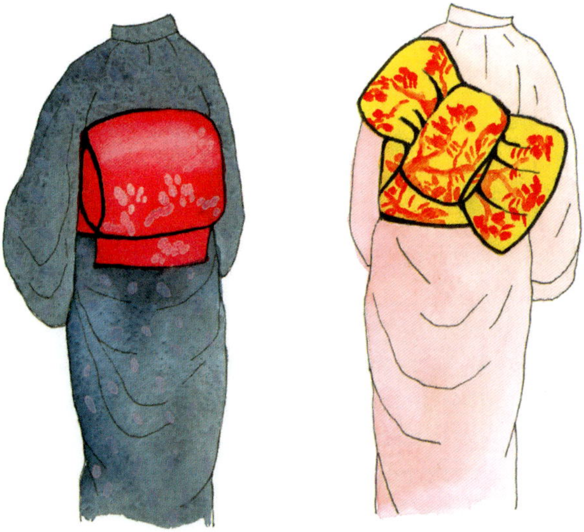

Abb. 17 *Obi*-Schleifen

Obi-Schleifen besitzen ein hohes Kommunikationspotential. Sie kommunizieren zum Beispiel den Stand, früher den gesellschaftlichen und heute eher den Familienstand. Verheiratete Frauen sowie Geishas binden flache, je nach Anlass einfache und schlichte oder aufwändig gestaltete Schleifen. Junge unverheiratete Mädchen sowie Maikos schmücken sich mit abstehenden *obi*-Schleifen, die oftmals in Blüten- oder Insektenform gebunden sind, zum Beispiel mit der beliebten Schmetterlingsschleife.

Darüber hinaus wird vor der Schleifenbindung gelegentlich ein kleines Kissen eingebunden, das den *obi* im Rücken verstärkt. Diese komplizierte Schleifenbindung wird meist von einer anderen Person vorgenommen. Die Schwierigkeit des *obi*-Bindens lässt sich nicht zuletzt daran erkennen, dass dieses, wie auch die richtige Farbwahl beim Kimono, regelrecht gelehrt und erlernt wurde und wird, nämlich früher im Elternhaus und heute in der Schule.

7.3.2 Obi-Accessoires

Zum *obi* tragen japanische Männer und Frauen ein spezielles Zubehör, bei dem zwei Arten unterschieden werden können: die gebundenen und die hängenden *obi*-Accessoires.

7.3.2.1 Gebundene Obi-Accessoires

Zu den gebundenen *obi*-Accessoires, die hauptsächlich von Frauen benutzt werden, gehören das *obi*-Band und der *obi*-Schal.

▪ Obi-Band

Der Begriff *obijme* bezeichnet das Band, das im mittleren Gürtelbereich um den *obi* gebunden wird. Das *obi*-Band dient als ein Befestigungsmittel, mit dem der *obi* und der Kimono am Körper gehalten werden. Es ist ein alltägliches Accessoire und wird zum Alltags-*obi* in allen Farben – mit Ausnahme der schwarzen Trauerfarbe – getragen. Nach ihrer Herstellungsweise lassen sich zwei Bändertypen unterscheiden, die *kukehimo*-Bänder aus gedrehten und wattierten „Seidenstoffwürsten" und die *kumihomo*-Bänder aus geflochtenen Seidenzwirnen (s. Abb. 16). Letztere haben eine lange Tradition. In Handarbeit hergestellte *kumihomo*-Flechtwerke waren schon in der Nara-Zeit beliebt und wurden als Kunstwerke bewundert und geschätzt. Im Zeitalter des Schwertadels wurden dann *kumihomo*-Bänder für militärische Zwecke genutzt und von den Samurai-Kriegern als Waffenbänder gebraucht. Es waren Geishas, die am Anfang des 19. Jahrhunderts die geflochtenen *kumihomo*-Bänder aus dem militärischen in den modischen Bereich überführten und zur Befestigung des *obi* und des unter diesem schärpenartigen Gürtel liegenden Kimonos einsetzten.

Eine Verbreitung der geflochtenen *kumihomo*-Bänder ist ab dem 20. Jahrhundert in zwei Dimensionen zu beobachten. Die *kumihomo*-Bänder wurden – und dies betrifft die soziale Dimension – nicht nur von einigen privilegierten, sondern von allen japanischen Bürgerinnen und Bürgern als *obi*-Accessoire benutzt.

Eine Ausdehnung in der sachlichen Dimension zeigte sich darin, dass die *kumihomo*-Bänder nicht mehr nur als *obijime*, sondern vielseitig eingesetzt wurden. Sie wurden einerseits im modischen Bereich, etwa zum Verschließen von Kleidungsstücken sowie zum Verzieren von Accessoires, wie Haarspangen und Fächern, benutzt und andererseits zum Dekorieren von nicht-vestimentären alltäglichen Gebrauchsgegenständen, wie Teedosen und Spiegeln, herangezogen.

■ **Obi-Schal**

Anders als das *obi*-Band ist der *obi*-Schal kein alltägliches Accessoire mit Befestigungsfunktion, sondern ein förmliches Accessoire mit Schmuck- und Auszeichnungsfunktion. Der *obi*-Schal wird aus ästhetisch-sozialen Gründen um den oberen Teil eines förmlichen *obi* gebunden.

7.3.2.2 Hängende Obi-Accessoires

■ **Sagemono**

Mit dem Begriff *sagemono* (wörtlich: Dinge, die hängen) werden die *obi*-Accessoires bezeichnet, die mit einer Seidenschnur am *obi* befestigt werden und seitlich herabhängen. Zu diesen zählen u.a. Geldbeutel, Schreibgeräte, Pfeifenetuis und Tabakbeutel. Besonders kunstvolle *sagemono* für den Mann sind der *inro* (Gürtelkästchen für Utensilien) und der *netsuke* (Kleinplastik in der Form von z.B. Menschen, Pflanzen und Tieren mit der Funktion eines Halteknaufs). Ein Befestigen und Tragen nützlicher Accessoires am Gürtel wird übrigens auch von den Kiltträgern in den schottischen Highlands praktiziert.

Anmerkungen: Vgl. Brandt 1988, Coulmas 2003, S. 227, Downer 2002, S. 158–162, Ducke u.a. 2011, S. 77, Jirka-Schmitz 2000, Kohlmüller 2010, S. 105–108, Menegazzo 2008, S. 312–314, Milenovich 2007, S. 211 ff., Raskin-Schmitz 2013, Schrenk 2009, S. 128–138 u. 153–155, Schwarz 2013, Thiele 1986, S. 63 f. und Yamanaka 1982, S. 66–70.

7.4 Bekleidung zum Kimono

7.4.1 Unterbekleidung

■ Nagajuban

Unter dem Kimono ziehen Männer und Frauen häufig den *nagajuban* an. Dieser Unterkimono bietet den Vorteil, dass der kostbare Kimono nicht direkt auf der Haut getragen wird und dadurch nur selten gewaschen werden muss.

Der *nagajuban* hat den gleichen Schnitt wie der Kimono. Als Material wird meist Seide gewählt. Darüber hinaus ist eine jahreszeitliche Materialdifferenzierung zu beobachten: Im Winter werden Unterkimonos aus wärmehaltigen gefütterten Seidenstoffen angelegt und im Sommer solche aus weniger wärmehaltigen Baumwoll- oder Leinenstoffen.

Für den *nagajuban* bevorzugen Frauen die Glück symbolisierenden Farben Rot und Weiß, Männer dagegen ziehen gedämpfte Farben vor. Mitunter werden auch (ab-)getragene Kimonos als Unterkimonos weiterverwendet – ein Beitrag zum Bekleidungsrecycling.

Abb. 18 Geisha mit weißem Stoffkragenband unter dem Kimonokragen

■ Haneri

Ein bemerkenswerter Bestandteil des Unterkimonos ist der *haneri*. Der Beriff *haneri* bedeutet halber Kragen und bezeichnet ein etwa 15 cm breites und 100cm langes Stoffband, das von innen und von außen auf den *nagajuban*-Kragen aufgenäht wird.

Der *haneri* ist zum einen leicht abnehmbar und auswechselbar, da er mit langen leicht auftrennbaren (Reih-)Stichen aufgenäht ist. Zum anderen ist dieses

Stoffkragenband fortwährend sichtbar, es schaut nämlich sowohl am vorderen Halsausschnitt als auch an der hinteren Halsrundung unter dem Kimonoschalkragen hervor.

Der *haneri* hat einerseits eine hygienisch-ökonomische Funktion: Er kann zum Waschen leicht entfernt werden. Andererseits besitzt der *haneri* eine ästhetisch-soziale Funktion: Durch den Kragenwechsel können ästhetische Wirkungen erzielt und auch soziale Zugehörigkeiten kommuniziert werden. Zum Beispiel schmücken und zeichnen sich Geishas meist mit einem schlichten weißen Stoffkragenband aus, Maikos dagegen mit einem prunkvollen Brokatkragenband.

7.4.2 Überbekleidung

Abhängig von Anlass und Wetter tragen Japanerinnen und Japaner über dem Kimono eine Überbekleidung, vorzugsweise den *hakama* und den *haori*.

■ Hakama

Der Begriff *hakama* bezeichnet einen von der Taille bis zu den Knöcheln reichenden (Hosen-)Rock mit senkrechten Falten auf der Vorder- und Rückseite.

Vom *hakama* gibt es zwei Grundtypen: den *hakama* in der Form eines Rockes und den *hakama* in der Form eines Hosenrockes, der im unteren Teil zwei schmale oder weite Hosenbeine aufweist und bei dem zwischen den Seitennähten zum Zwecke der größeren Bewegungsfreiheit je ein Zwickel eingesetzt ist. Die Hosenrockform des *hakama* wurde schon von den berittenen Samurai in der Edo-Zeit zum Schutz der Beine angezogen und war zugleich Namen gebend, denn das japanische Wort *hakama* bedeutet Zwickel.

Heutzutage wird der *hakama* als Kleidungsstück über dem Kimono überwiegend in der weiten Hosenrock- form getragen. Dieser meist schwarze, indigoblaue, graue, weiße oder grau-weiß gestreifte *hakama*-Hosenrock wird nahezu ausschließlich zu zeremoniellen Anlässen angelegt, etwa zu Schreinbesuchen, Teezeremonien, Hochzeiten und Abschlusszeremonien der Universitäten.

Abb. 19
Bräutigam in weitem *hakama*-Hosenrock und einer *haori*-Jacke einschließlich Familienwappen und Pomponverschluss

Bisweilen werden auch *hakama*-Röcke angezogen. Zum Beispiel tragen *miko* – das sind Frauen, die in Shintoschreinen beschäftigt sind – über ihren Kimonos scharlachrote *hakama* in Rockform.

■ **Haori**

Neben Umhängen und anderen Jacken ziehen japanische Frauen und Männer über dem Kimono traditionell den *haori* an. Diese langärmelige und dreiviertellange Jacke im Kimonoschnitt wird auf der Vorderseite meist offen getragen.

In der Edo-Ära entwickelte sich der *haori* einerseits in der Kombination mit der *hakama* zum formellen Anzug der Japaner. Andererseits wurde die ursprünglich Männern vorbehaltene Manteljacke nun erstmals von Frauen für Bekleidungszwecke genutzt. Es waren Geishas, die Modevorbilder der damaligen Zeit, die als Erste den *haori* in ihr Kleidungsrepertoire einfügten und, ihrer modischen Vorbildrolle gemäß, in die allgemeine Damenmode brachten.

7.4.3 Fußbekleidung

Zum Kimono tragen Japanerinnen und Japaner – unabhängig von Wind und Wetter – traditionelle Fußbekleidung, nämlich Zehensandalen (*geta*, *okobu* und *zori*) und Zehensocken (*tabi*). Selbst bei heftigem Schneefall im Januar letzten Jahres waren an den Volljährigkeitsfeiern in Tokyo auf Zehensandalen balancierende, Kimono tragende Japanerinnen in Zehensocken zu sehen.

7.4.3.1 Zehensandalen

■ Geta

Geta sind Zehensandalen, die je aus einer Sohle mit zwei Blockabsätzen und einem Haltgeber bestehen.

Die Blockabsätze zeigen sich als zwei quer zur Sohle angebrachte Holzklötzchen, die unter der Sohle, einem massiven Holzstück, befestigt sind. Die *geta*-Absätze haben eine doppelte Funktion: Sie verhindern ein Stolpern der Trägerin bzw. des Träges über den langen Kimono und halten den Straßenschmutz von diesem Gewand ab.

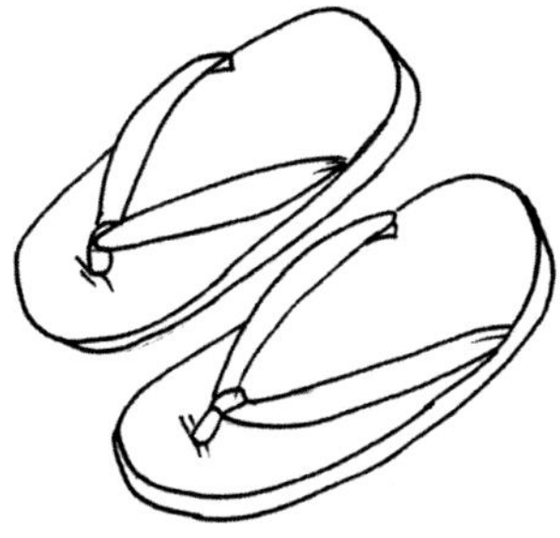

Abb. 20 Zehensandalen *geta*

Als Haltgeber für den Fuß dient ein Band oder ein Riemen aus Leder, Kunststoff oder festem Gewebe, das beim Anziehen zwischen den Großen und den Zweiten Zeh geschoben wird. Dieses Halteband wird an der *geta*-Spitze in einer an der Sohle festgemachten Schlaufe zusammengeführt, verläuft über den Fußrücken nach rechts und links hinten und ist am linken und rechten Sohlenrand festgemacht.

Geishas tragen ihre Zehensandalen traditionell barfuß und bevorzugen *geta*, deren Sohlen schmaler sind als der Fuß. Speziell und distinktiv ist auch die Gehweise der Kirschblütenfrauen, die sich in ihren *geta* mit kleinen flachen Schritten und nach innen gerichteten Füßen fortbewegen.

■ Okobo

Okobo sind wie die *geta* Zehensandalen, unterscheiden sich von diesen aber bezüglich des Absatzes und des Haltgebers. *Okobo*-Sandalen sind zum einen deutlich höher als *geta*-Sandalen. Diese Höhe wird durch eine durchgehend hohe, hinten abgeschrägte Sohle erreicht. Zum anderen verläuft das Halt gebende Band der *okobo* durch eine an der Sohle angebrachte Schlaufe um die Ferse herum und ist nicht wie das *geta*-Band an den beiden Sohlenrändern befestigt.

Abb. 21 Zehensandalen *okobo*

Okobo sind die typischen Zehensandalen der Maiko. Diese Zehensandalen werden ausschließlich mit weißen Socken getragen und erinnern durch ihre beträchtliche Höhe und die damit verbundene und wohl auch gewollte Reduzierung der Gehgeschwindigkeit seiner Trägerinnen an die Zoccoli der Kurtisanen zur Zeit der italienischen Frührenaissance. Beim Betrachter erzielen Maikos mit ihren *okobo* nicht nur aufgrund deren Höhe, sondern auch durch farblich wechselnde *okobo*-Bänder visuelle Aufmerksamkeit. Ebenso machen die *okobo* tragenden Geisha-Lehrmädchen akustisch auf sich aufmerksam, nämlich durch beim Gehen klingende Glöckchen, die sich in der im Innern hohlen Plateausohle befinden. Diese Glöckchen verleihen den jungen Maiko-Mädchen etwas Kindhaftes, schließlich sind Schuhglöckchen derzeit in der aktuellen Kindermode anzutreffen.

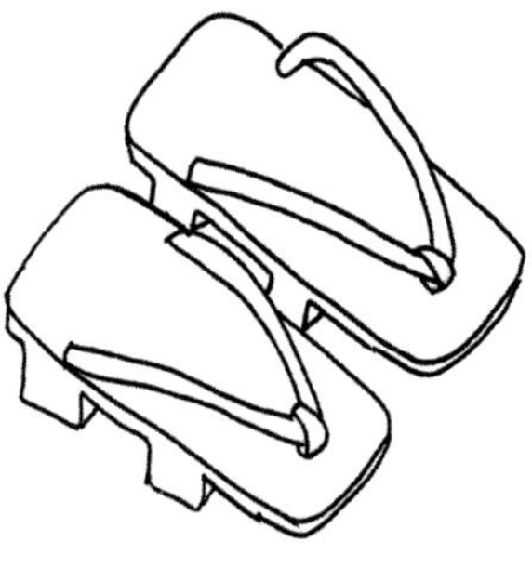

Abb. 22 Eckige Zehensandalen *zori*

■ Zori

Außer den *geta* werden zum Kimono von Männern und Frauen, aber nicht von Geishas und Maikos, die *zori* (wörtlich: Gras-Fußbekleidung) angezogen. Die *zori* unterscheiden sich von den *geta* durch ihre flache Sohle, die entweder zum Beispiel aus Reisstroh geflochten oder mit Stoff (z. B. Leder, Gewebe, Plastik) überzogen ist. Die Wahl des *zori*-Materials ist abhängig vom Formalitätsgrad des Kimonos. So werden beispielsweise brokatbezogene *zori* nur zum zeremoniellen Kimono getragen. Frauen- und Männer-*zori* unterscheiden sich hinsichtlich ihrer Form. Runde *zori*-Formen sind Japanerinnen vorbehalten und eckige *zori*-Formen sind für Japaner reserviert.

7.4.3.2 Zehensocken

■ Tabi

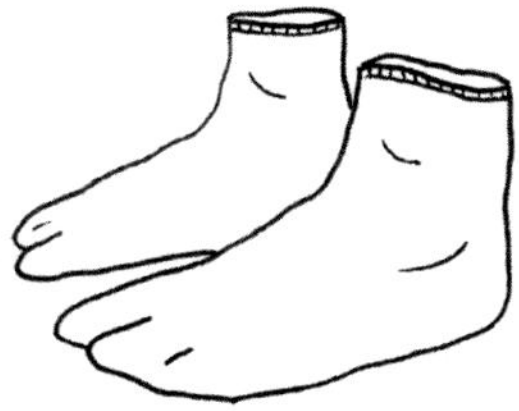

Abb. 20 Zehensocken *tabi*

Zu den Zehensandalen werden Knöchel hohe Socken, die *tabi* (wörtlich: Fußbeutel), angelegt. Diese Zehensocken trennen wie die Zehensandalen den Großen Zeh von den anderen Zehen ab.
Vorzugsweise werden weiße *tabi* angezogen, da die weiße Sockenfarbe farblich problemlos mit jedem – insbesondere mit einem bunten – Kimono korrespondiert.
Bemerkenswert ist, dass Maikos ihre prinzipiell weißen *tabi* eine Nummer kleiner wählen, damit diese straff sitzen und sie selbst nicht aufgrund von Sockenfalten in den Verdacht der Schlampigkeit geraten.

Anmerkungen: Vgl. Dalby 2001, S. 190, 213f. u. 225 und 2003, S. 169 u. 190f., Hakama 2013, Hanamachi 2013, Imperatore / MacLardy 2001, S. 32, Kawakatsu 1936, S. 56–58, Kohlmüller 2010, S. 109–112 u. 138–142, Milenovich 2007, S. 201f., 213f., 225 u. 227, Naumann 1990, S. 1735f., Scheib 2006, S. 40–43, Schrenk 2009, S. 138–146 und Yamanaka 1982, S. 58–62.

7.5 Kimonokörper

In diesem Kapitel wird der Schwerpunkt auf den weiblichen Kimonokörper gelegt.

7.5.1 Modekörper

■ Junihitoe

Wie jeder Modewandel zeigte sich der Wandel von der mehrschichtigen *junihitoe* der höfischen Heian-Zeit zum *kosode* bzw. Kimono der feudalen Edo-Zeit auch am Körper. Durch die mehrlagige *junihitoe* wurde der Körper seiner Trägerinnen verhüllt und in seinen Bewegungsmöglichkeiten eingeschränkt.

■ **Kimono**

Dagegen gewährte der einlagige *kosode*-Kimono den Körpern seiner Trägerinnen mehr Bewegungsfreiheit. Einerseits verhüllte der *kosode*-Kimono zwar wie die *junihitoe* – allerdings in geringerem Maße – den Körper, andererseits entblößte er ihn aber an einer bestimmten Stelle: Durch den Kimono wurde der Nacken enthüllt und erotisiert. Die Edo-Frauen schoben den Kragen ihres Kimonos auf der Rückseite nämlich so weit nach unten, dass der Nacken sichtbar und zum erotischen Blickfang wurde. Außerdem verstärkten sie den Kimonokragen durch den Kragen des Unterkimonos mitsamt dem Stoffkragenband *haneri*, was zu einer leichten Neigung des Rückens und einer Akzentuierung der Nackenpartie führte.

Wie im europäischen Mittelalter die Brust der Frau durch das Dekolleté entblößt wurde, wurde in der japanischen Edo-Epoche der Nacken der Frau enthüllt. Bis heute gilt in der westlichen Welt der Frauenbusen und in der japanischen Welt der Frauennacken als reizvoll.

7.5.2 Haartracht

■ **Frisuren**

Die verführerische Wirkung des Nackens der Kimono tragenden Frauen der Edo-Zeit wurde dadurch unterstützt bzw. überhaupt erst ermöglicht, dass diese ihre Haare nicht lang, sondern hochgesteckt trugen.

Es waren Geishas, die gemäß ihrer Rolle als Modevorbild als Erste in jener Zeit ihr Haar zu kunstvollen Hochsteckfrisuren modellieren ließen. Diese im so genannten *shimada*-Stil kreierten Geisha-Frisuren haben bis heute neben ihrer ästhetisch-dekorativen auch eine kommunikativ-auszeichnende Funktion. Sie kommunizieren zum einen den Trageanlass. Beispielsweise tragen Geishas zum Neujahrsfest die *yakko-shimada*, eine elegante Hochsteckfrisur mit eingefügten Reisähren, die für das neue Jahr Glück bringen sollen.

Zum anderen zeigen *shimada*-Frisuren den jeweiligen Ausbildungsstatus einer Maiko an. Zum Beispiel markiert die Maiko den Beginn ihrer Ausbildung mit der dekorativ und aufwändig gestalteten *wareshinobu*-Frisur (*wareshinobu*: gespaltener Pfirsich), bei der die Haare oben auf dem Kopf zu einem hörnchenartigen Knoten eingerollt werden, der dann reichlich mit Haarschmuck, vorzugsweise mit Bändern und speziellen Haarnadeln, dekoriert wird.

Diese *kanzaki* genannten Haarnadeln sind mit Seidenblumen verziert bzw. dienen zum Feststecken von Seidenblumen. Bei der Gestaltung der künstlichen Blumen aus Seide werden, der japanischen Naturverbundenheit entsprechend, die Jahreszeit und der Monat berücksichtigt. Beispielsweise bilden diese Seidenblumen im Monat März Rapsblumen nach.

Abb. 24 Maiko mit geschminktem Gesicht und *wareshinobu*-Frisur einschließlich Haarschmuck aus seidenen Kirschblüten

Um ihre Hochsteckfrisuren zur vollen Geltung kommen zu lassen, tragen Geishas, Maikos und andere Frauen als Schutz gegen die Sonne keine Kopfbedeckungen, sondern Sonnenschirme. Zur kühlenden Luftzufuhr an heißen Sommertagen benutzen Japanerinnen gerne auch Fächer.

■ **Frisurentrends**

Darüber hinaus setzten Geishas der Edo-Ära mit ihren Frisuren Modetrends. Zum Beispiel war bis zu Beginn des 20. Jahrhunderts bei bürgerlichen Ehefrauen die *katsura* weit verbreitet, eine Frisur, die von einer berühmten Geisha des 17. Jahrhunderts erfunden und nach dieser benannt wurde.

Auch heutzutage beeinflussen traditionelle Geisha-Frisuren immer mal wieder das aktuelle Frisurenmodedesign.

■ **Perücken**

Seit der Mitte des 20. Jahrhunderts setzen Geishas immer häufiger Perücken auf. Denn einerseits gibt es kaum mehr Friseure, die die traditionellen Geisha-Frisuren erstellen können. Und andererseits sind für Geishas, die oft innerhalb kürzester Zeit zu unterschiedlichen Anlässen ihre Frisuren wechseln, Perücken schlichtweg praktischer. In der Geisha-Hochburg Kyoto lassen einige Geishas allerdings noch heute ihre eigenen Haare zu kunstvollen Frisuren formen.

7.5.3 Schminke

■ **Nacken**

Eine Steigerung der erotischen Anziehungskraft des weiblichen Nackens ist bei den Geisha-Frauen zu beobachten, die nicht nur ihr

Abb. 25
Maiko mit entblößtem und geschminktem Nacken sowie einem rotem Kragenband als erotischem Blickfang

Gesicht, sondern auch ihren Nacken vom Haaransatz bis zu der Stelle, wo der Kimonokragen beginnt, weiß schminken. Dabei lassen sie direkt unter dem Haaransatz eine Stelle des Nackens in W-Form, die vermutlich der Form der weiblichen Schamlippen nachempfunden ist, frei.

■ Gesicht

Der wohl auffälligste Bestandteil des Geisha-Körpers ist das in der Art einer *no*-Maske geschminkte weiße Gesicht mit kirschfarbenem Mund. Beim Schminken trägt die Geisha zunächst die *oshiro* auf das Gesicht auf, eine weiße Paste, die Unebenheiten verschwinden lässt und zugleich jegliche Individualität „glattbügelt".

Danach schminkt die Geisha ihren Mund. Sie malt ihre Lippen jedoch nur partiell mit Karmesinrot aus und verdeckt zusätzlich ihre Mundwinkel mit weißem Puder. Denn die japanischen Kirschblütenfrauen bevorzugen verkleinerte Lippen, die Eleganz und Zierlichkeit kommunizieren und unterscheiden sich dadurch von Frauen des westlichen Kulturkreises, die vollen, Sinnlichkeit signalisierenden Lippen den Vorzug geben.

Die weiße Gesichtsfarbe und die kirschrote Lippenfarbe der Geisha bilden nicht nur einen auffälligen Farbkontrast, sondern diese beiden Farben stehen auch, zusammen verwendet, für Glück. In diese Symbolik fallen ebenso die mit einem roten Lidstrich akzentuierten Geisha-Augen, die sich heutzutage allerdings zunehmend schwarz umrandet zeigen.

Das Weiß-Schminken des Gesichtes der Geisha hat zudem Auswirkungen auf deren Mimik und Gestik. Um zu verhindern, dass ihre durch die weiße Gesichtschminke gelblich wirkenden Zähne sichtbar werden, hält die Kunstfrau ihren Mund möglichst geschlossen und beim Gespräch entweder eine Hand oder einen Fächer vor den Mund, was als eine typische Geisha-Geste gilt.

Anmerkungen: Vgl. Coulmas 2003, S. 212 f. u. 221, Downer 2002, S. 14, 122 u. 159 f., Hanamachi 2013, Kohlmüller 2010, S. 53–70, Lühl 1983, S. 59 u. 136, Menegazzo 2008, S. 302 u. 305, Milenovich 2007, S. 201 f., Racinet 1995, S. 90, Riel 2001, S. 82, Schrenk 2009, S. 143, Stein 1997, S. 546 und Thiele 1986, S. 64.

7.6 Trageanlässe für Kimonos

7.6.1 Alltägliche Trageanlässe

Heutzutage werden Kimonos *erstens* zu alltäglichen Anlässen in Beruf und Freizeit getragen.

7.6.1.1 Beruf

Der Kimono fungiert vor allem als typische Berufskleidung der Geishas und Maikos, die insbesondere in Kyoto zum Straßenbild gehören. Außerdem werden Kimonos in manchen Berufen aus touristischen Gründen sowie zur Imagepflege angezogen, etwa vom Bedienungs- und Verkaufspersonal in Restaurants, Teegeschäften und traditionellen Gasthöfen (*ryokan*). Als auffallendes Beispiel für Kimonoträgerinnen in der Tourismusbranche können die Kirschblütenköniginnen angeführt werden, die an Kirschblütenfesten sowie an Treffen und Aktivitäten der japanischen Kirschblütenvereinigung, der Cherry Blossom Assoziation, teilnehmen.

Wie bedeutsam die Funktion des Kimonos als japanisches Imagezeichen noch heute ist, lässt sich daran erkennen, dass selbst die Spielführerin der japanischen Fußballmannschaft zur Annahme des Siegerpokals bei der Weltmeisterschaft 2011 in Frankfurt am Main im traditionellen Kimono erschien.

7.6.1.2 Freizeit

■ **Yukata**

Von den in der Freizeit getragenen Kimonos ist der *yukata* ein prominenter Vertreter. Der Begriff *yukata* bezeichnet einen leichten ungefütterten Baumwollkimono, der mit indigoblauen Mustern auf weißem Grund oder mit weißen Mustern auf indigoblauem Grund verziert ist, die durch die *shibori*-Technik erzielt wurden. Dabei bevorzugen japanische Männer geometrische Dessins und japanische Frauen von der Natur inspirierte Muster.

Der *yukata* wird mit einem, häufig einfarbigen, etwa 2cm breiten und 2.80m langen gewebten Gürtel verschlossen. Dazu wird der Stoffgürtel meist zweimal um die Taille gewickelt und vorne oder seitlich zu einer Schleife gebunden, die dann auf den Rücken geschoben wird.

Abb. 26 Anlegen eines *yukata*

▪ Badekimono

Ursprünglich wurde der *yukata* lediglich im privaten Raum vor und nach dem Baden, sozusagen als „privater Bademantel" angelegt. Auf die Verwendung als Badegewand weist das Wort *yukata* hin, welches die Abkürzung von *yukatabira* (*yu*: Wasser; *katabira*: Unterbekleidung) ist.

Heute ziehen japanische Frauen, Männer und Kinder den *yukata* auch im öffentlichen Raum an. Sie tragen den blau-weißen Baumwollkimono im Thermalbad bzw. nach dem Bad in einem der *onsen* gewissermaßen als „öffentlichen Bademantel". Aber auch in Hotels an Badorten sowie in einem *ryokan* wird von den Gästen der blau-weiße *yukata* angelegt, nämlich zum Schlafen, zum Essen, zum Aufenthalt im Zimmer und zum Spazierengehen auf dem Hotelgelände bzw. im Außenbereich eines *ryokan*.

▪ Sommerkimono

Darüber hinaus wird der *yukata* heutzutage aufgrund seines wenig wärmehaltigen Baumwollmaterials, unabhängig vom Trageraum, als Sommerkimono benutzt. Er wird zum einen für sommerliche Abendspaziergänge auch außerhalb von Badeorten angelegt. Zum anderen wird er – vorzugsweise von Männern – zu sommerlichen Festen getragen, etwa zum beliebten Feuerwerksfestival in Tokyo oder zum bekannten *bon*-Fest, das mit Straßenumzügen und mit Jahrmärkten in den Nähe von Tempeln gefeiert wird.

7.6.2 Feierliche Trageanlässe

Zweitens – und in erster Linie – werden Kimonos in der heutigen Zeit zu feierlichen Anlässen angezogen. Das Anlegen eines Kimonogewandes ist vor allem bei denjenigen feierlichen Anlässen bedeutsam, die als Übergangsriten den Eintritt in einen neuen Lebensabschnitt markieren.

Solche Übergangsriten erleichtern auf der einen Seite dem Einzelnen die mit diesem Eintritt bzw. Übergang verbundene Neuorientierung. Auf der anderen Seite helfen sie den Gemeinschaftsmitgliedern, den Neuanfang des Einzelnen zu akzeptieren.

Bei Übergangsritualen, die in allen Kulturen vorkommen und öffentlich stattfinden, spielt neben anderen Körperpraktiken (z. B. Tätowieren) das Sich-Bekleiden, insbesondere der Kleiderwechsel, eine wichtige Rolle. Durch den Wechsel der Kleider erfährt nämlich der Einzelne den Übergang nicht nur körperlich, sondern macht ihn auch am eigenen Körper für Andere sichtbar.
Bezüglich des Kimonos lässt sich der Ritusbestandteil Kleiderwechsel an denjenigen feierlichen Anlässen beobachten, die im Zusammenhang mit Lebensalter, Ausbildung, Volljährigkeit, Hochzeit und Trauer stehen.

7.6.2.1 Lebensalter

Das bedeutendste Schreinfest für Kinder ist das *shichigosan* (*shichi-go-san*: Sieben-Fünf-Drei). Es findet im November an berühmten Schreinen, zum Beispiel am Meji-Schrein in Tokyo, statt, ist mit Schutzbitten verbunden und markiert den Eintritt in ein neues Lebensalter. Die Ausrichtung dieses Festes für die Altersgruppe der Drei-, Fünf- und Siebenjährigen beruht auf der aus früheren Zeiten resultierenden Annahme, dass diese Lebensjahre besonders Unheil bringend und daher in besonderem Maße schutzwürdig seien.
Am *shichigosan* zeigen sich die betreffenden Kinder – bisweilen erstmals – in Kimonos gekleidet und erfahren und kommunizieren so den Übergang zu einem neuen Lebensabschnitt auf körperlich-vestimentäre Weise. Diese festlichen Kinderkimonos sind überwiegend aus Seide gefertigt und mit Motiven dekoriert, die ein langes und glückliches Leben symbolisieren. Zum *shichigosan* werden die Kinder von ihren Eltern und anderen Verwandten begleitet, die ihnen, falls nötig, beim nicht gerade einfachen Gehen in den zum Festtagskimono angezogenen *zori* (flache Zehensandalen) behilflich sind. Wegen ihrer kleinen Größe werden im Übrigen Kinderkimonos in westlichen Ländern zweckentfremdet zur Raumdekoration benutzt.

7.6.2.2 Ausbildung

■ **Maikos**

Die Ausbildung einer 15- bis 16-jährigen Maiko beginnt mit der Zeremonie *misédashi* (wörtlich: Geschäftseröffnung). Diese markiert den Übergang vom Kind zum Lehrmädchen. Ein bedeutsamer Ritusbestandteil bei dieser Lebensabschnittsfeier ist der Kleiderwechsel sowie der Akt des Bekleidens. Der Maiko wird von einer Geisha ein festlicher schwarzer Seidenkimono und ein Brokatkragen angelegt. Dieser in den Farben Weiß, Rot und Silber bestickter Kragen kennzeichnet den Ausbildungsstatuts der Maiko.

Während ihrer Ausbildung tragen Maikos außer dem prunkvollen Brokatkragen den *furisode*. Kennzeichen dieser Kimonoart sind überlange Ärmel. Wörtlich übersetzt bedeutet der Begriff *furisode* „Schüttelärmel" – ein Hinweis auf das Schwingen der *furisode*-Ärmel beim schnellen Gehen der Trägerin. Wie alle modischen Übertreibungen erregen die langen schwingenden *furisode*-Ärmel Aufmerksamkeit und lassen die Maiko attraktiv-kokett erscheinen. In die Sinnlinie der Aufmerksamkeitserregung fallen auch die auf der *furisode* zu sehenden prächtigen Farben und die über die ganze Stofffläche verteilten dekorativen Muster.

Wichtigster Ritusbestandteil der Zeremonie, die am Ende der Ausbildung einer Maiko stattfindet, ist der *erikae*, der Kragenwechsel. Als Symbol für einen gelungenen Ausbildungsabschluss und eine berufliche Neuorientierung ersetzt die 19- bis 20-jährige Maiko den prunkvollen farbigen Brokatkragen durch einen schlichten weißen Stoffkragen.

Außerdem zieht die Maiko nach ihrer Ausbildung keinen *furisode*-Kimono mehr an. Stattdessen trägt sie – nun als Geisha tätig – Kimonos mit einer kürzeren Ärmellänge und dezenteren Farben und Mustern. Der abgelegte *furisode* akzentuiert wie der abgelegte Brokatkragen das Alter und den Ausbildungsstand: er betont die Differenz von junger Maiko und erwachsener Geisha.

■ Mädchen

Der *furisode*-Kimono wird übrigens auch von jungen Mädchen angezogen. Für die Ärmellänge gilt bei diesen: Je jünger, desto länger, wobei die längsten Ärmel nahezu den Boden berühren. Bei dieser Trägergruppe kommunizieren die langen schwingenden „Schüttelärmel" Unschuld und Unbeschwertheit, sie symbolisieren die Jungmädchenzeit. Nach ihrer Heirat zieht die Japanerin einen langärmeligen *furisode*-Kimono nicht mehr an. Der von jungen Mädchen angelegte *furisode* betont das Alter und den Familienstand: Er legt den Akzent auf die Unterscheidung von jungem unverheiratetem Mädchen und erwachsener verheirateter Frau.

7.6.2.3 Volljährigkeit

Im Gegensatz zur westlichen Welt, in der die Volljährigkeit individuell, zum Beispiel in Deutschland am 18. Geburtstag, begangen wird, feiern die Japaner die Volljährigkeit am Tag der Volljährigen (*seijin no hin*) kollektiv. Der Volljährigkeitstag ist in Japan ein nationaler Feiertag und auf den zweiten Montag im Januar terminiert. Als Volljährige gelten diejenigen, die in dem betreffenden Jahr 20 Jahre alt werden.

Indem die Japaner die Volljährigkeit an einem bestimmten Tag gemeinschaftlich feiern, akzentuieren sie die soziale Perspektive der Volljährigkeit. Der gemeinsam begangene Volljährigkeitstag zieht auf rituelle Weise die Grenze zwischen dem Jugend- und dem Erwachsenenalter. An diesem Tag erscheinen die volljährigen Japanerinnen – gewissermaßen als Abschiedsnahme von der Jungmädchenzeit – im „Mädchenkimono" *furisode*, den sie aufgrund der kalten Jahreszeit durch einen üppigen weißen Pelzkragen ergänzen.

7.6.2.4 Hochzeit

Bei einer Trauung nach shintoistischem Ritus legen Braut und Bräutigam einen Kimono an, wobei unter dem Aspekt des Kleiderwechsels der Hochzeitskimono der Braut von Interesse ist. Die ganz in Weiß gekleidete Braut trägt während der Trauungszeremonie einen weißen Hochzeitskimono (*shirokomoku*) und darüber einen weißen auffälligen Mantel.

Nach der Trauungszeremonie steht bei der Braut ein Kleiderwechsel an. Zum Hochzeitsempfang und Festmahl zieht sie einen farbigen Hochzeitskimono, den *uchikake* an. Genau genommen ist der farbige *uchikake*-Hochzeitskimono kein Kimono, sondern ein vorne offenes, ohne *obi* getragenes Mantelgewand im Kimonoschnitt, das die Braut anstelle des auffälligen weißen Mantels über den weißen *shirokomoko*-Hochzeitskimono anlegt – wohl weil ein Auswechseln des *shirokomoku* einen zu großen Aufwand erfordern würde. Abhängig vom Reichtum und Status ihrer Eltern wechselt die Braut den *uchikake* im Laufe des Hochzeitstages mehrmals, zieht also „Hochzeitskimonos" in wechselnden Farben und mit unterschiedlichen Mustern an.

Der vorzugsweise aus Seidenbrokat gefertigte, elegante und kostbare *uchikake* weist als Grundfarbe häufig das Glück bringende Rot auf und ist oftmals mit in Gold und Silber gestickten Glücksymbolen verziert. Der *uchikake* fungiert als „Kimono der Superlative": Er ist nicht nur der längste aller Kimonos, der mit einer Überlänge von 30–40cm gegenüber anderen Kimonos schleppenartig auf dem Boden schleift, sondern er besitzt auch die längsten aller Kimonoärmel, die oftmals bis zum Boden reichen – verständlich, wenn man bedenkt, dass die Hochzeit für die Braut die letzte Gelegenheit darstellt, lange Kimonoärmel zu tragen.

Das Ritual des Kleiderwechsels, das die Braut bei ihrer Hochzeit mittels des *uchikake* praktiziert, markiert den Übergang von der unverheirateten zur verheirateten Frau.

7.6.2.5 Trauer

Anlässlich eines Trauerfalls tragen die Angehörigen des Verstorbenen bei der Trauerzeremonie den *mofuku*. Dieser Trauerkimono besteht aus schwarzer Seide und ist lediglich mit fünf Familienwappen (*mon*) verziert.

Auch der *obi* und das *obi*-Band sind in der schwarzen Trauerfarbe gehalten. Rituell besonders bedeutsam ist das schwarze *obi*-Band, da dieses ausschließlich Trauernden vorbehalten ist.

Im Unterschied zu anderen vestimentären Übergangsriten wird der trauerbezogen Ritus des Kleiderwechsels nicht von dem Einzelnen, der den Übergang vollzieht, sondern von den Anderen, die den Übergang betrauern, ausgeführt. Der auf den Übergang vom Leben zum Tod gerichtete Ritus des Kleiderwechsels erleichtert insbesondere den Familienmitgliedern das Abschiednehmen von dem Toten und gleichzeitig den Neuanfang des Weiterlebens ohne den Toten.

Anmerkungen: Vgl. Coulmas 2003, S. 33f., 40, 45 u. 228, Dalby 2001, S. 167 und 1993, S. 180f. u. 206, Gennep 2005, Hamre / Meedom 1985, S. 53, Imperatore /

Mac Lardy 2001, S. 28, 178 u. 253, Kawakatsu 1936, S. 62f., Kohlmüller 2010, S. 77 u. 218, Milenovich 2007, S. 117, 146, 152 u. 157f., Racinet 1995, S. 90, Röttger-Rössler 2011, S. 36–41, Scheib 2006, S. 28, 30 u. 34, Schrenk 2009, S. 75–87 u. 103–107, Seibert / Wolff 2006 / 2007, S. 46ff., Singer 2011, S. 18 und Yamanaka 1982, S. 51–54 u. 102f.

7.7 Kimono und Mode

7.7.1 Europäische Mode

Einerseits war und ist der Kimono als japanisches Nationalgewand für Japanerinnen und Japanern reserviert. Andererseits fanden im Laufe der Zeit immer wieder einzelne Elemente dieses faszinierenden Gewandes Eingang in die europäische Mode.

7.7.1.1 Hausmantel

Eine Einflussnahme des Kimonos auf die europäische Mode war schon im 17. / 18. Jahrhundert erkennbar. Damals wurden nämlich vom europäischen Hofadel Brokat-Hausmäntel im Kimonoschnitt getragen, die mit Seide gefüttert und mit ostasiatischen Mustern verziert waren. In dieser exotischen Hauskleidung wurden beispielsweise Besucher empfangen.

Vermutlich verlief das Einfließen von Kimonoelementen in die europäische Hausmantelmode in dieser Zeit der Abschottung Japans gegenüber der Außenwelt bzw. in der Edo-Zeit über den im japanischen Deijma verbliebenen holländischen Handelsposten.

7.7.1.2 Morgen- und Bademantel

Der Kimonoschnitt der exotischen Hausmäntel des 17. / 18. Jahrhunderts wurde ab dem 20. Jahrhundert auch für Morgen- und Bademäntel eingesetzt, wobei Letztere bis auf den heutigen Tag wie der Kimono nicht durch Knöpfe, sondern durch einen Gürtel verschlossen werden und sich in gewisser Weise als Verwandte des *yukata* bezeichnen lassen.

7.7.2 Europäische Modedesigner

Eine modische Einflussnahme des Kimonos über die Sparten Haus-, Morgen- und Bademäntel hinaus ist seit der Öffnung Japans im Jahr 1867 zu beobachten. Diese löste nämlich ein großes Interesse der Europäer an der immerhin 200 Jahre lang verborgen gebliebenen japanischen Kultur aus, welches sich nicht zuletzt auf das faszinierende, die geheimnisvolle Kultur der Geishas verkörpernde Kimonogewand richtete.

Als Folge dieser Aufmerksamkeit entstand Ende des 19. Jahrhunderts in Europa die Stilrichtung des Japonimus, dessen Blütezeit sich auf die Jahre 1900-1920 oder die Meji-Zeit erstreckte. Im modespezifischen Bereich führte der Japonismus dazu, dass sich erstmals professionelle Modeschöpfer oder Modedesigner vom Kimonogewand inspirieren ließen und einzelne Kimonoelemente in ihre Kreationen und Kollektionen aufnahmen.

7.7.2.1 Paquin

Als Erste entwarf die französische Modedesignerin Jean Paquin 1906 faszinierende Abendkleider und Abendmäntel im Kimonoschnitt. Einen eindrücklichen Beleg hierfür liefert der von Paquin entworfene und von Francisco Javier Gosé gezeichnete Theatermantel, der in der Pariser Modezeitschrift Gazette du Bon Ton, Jahrgang 1912/1913 zu bewundern ist.

7.7.2.2 Poiret

Vor allem aber war es der französische Modedesigner Paul Poiret, der vom Kimonoschnitt beeinflusste Abendmäntel, insbesondere Theatermäntel, in die 1850 entstandene Haute-Couture-Damenmode brachte. Poiret, der ohnehin gegenüber den Ideen der Anhänger der Reformkleider und denen der Künstlerkleider (Kleider ohne Tailleneinschnitt) aufgeschlossen war, war von den fernöstlichen Kostümen der in Paris erstmals 1909 gastierenden „Balletts Russes“ (russische Balletttänzerinnen und -tänzer) so fasziniert, dass er sich zum Kreieren von boden- oder wadenlangen, hinten über die Schulter gleitenden Abendmänteln mit Schalkragen und weiten Kimonoärmeln inspirieren ließ. Seit den Kimono-Kreationen von Poiret wurde der Kimonoschnitt zum festen Bestandteil der europäischen Damenmode.

7.7.2.3 Gernreich

1963 erregte der österreichische Modedesigner Rudi Gernreich mit der Kreation seines – schon vom Namen her auf japanische Einflüsse verweisenden – *kabuki*-Kleides (*kabuki*: volkstümliches japanisches Theater) großes Aufsehen in der Modewelt. Er transferierte bei dieser Modeschöpfung nämlich Elemente des gewebten Kimonos auf das gestrickte Frauenkleid.

Das im Kimonoschnitt gestrickte *kabuki*-Kleid besaß einen V-Ausschnitt und wies ein schwarz-weißes Schachbrettmuster auf. Außerdem war das Kleid mit einer bis zur Brust reichenden rot/rosa gestreiften Schärpe und einer über dieser liegenden geknoteten grasgrünen Kordel im *obi*-Stil verschlossen. Den traditionellen Kimonogürtel modifizierend waren beide Verschlussteile, die *obi*-Schärpe und die *obi*-Kordel, auf dem Kleid aufgenäht.

Vervollständigt wurde das dem Kimono nachempfundene *kabuki*-Strickkleid durch Bündchen, die an den Kimonoärmeln angebracht waren und das rot/rosa gestreifte Schärpenmuster aufgriffen.

7.7.2.4 Galliano

Es war John Galliano, der traditionelle Kimonoelemente erotisierte, und zwar nach westlichen Vorstellungen von Erotik. Unter Einbeziehung der Gegensatzes von kurz und lang präsentierte der französische Modedesigner in seiner Herbst/Winter-Kollektion 1994 ein schwarzseidenes transparentes Ensemble, das sich aus zwei Teilen zusammensetzte: einem Minikleid und einem Mantel in Über-Boden-Länge.

Abb. 27 Minikleid und Mantel im Kimonoschnitt von Galliano 1994, Nachzeichnung

Das im Kimonoschnitt mit V-Ausschnitt gefertigte Minikleid bedeckte das Gesäß nur knapp und war durch eine mit rosa Blüten verzierte *obi*-Schärpe zusammengebunden. Die Blüten bildeten dabei einen farblichen Kontrast zum schwarzen Seidenstoff. Der über dem Minikleid angelegte Mantel zeigte sich als ein offen getragener und in der Art einer Schleppe auf dem Boden schleifender Kimonomantel.

7.7.2.5 Margiela

Selbst die zum Kimono getragene traditionelle japanische Fußbekleidung wurde von europäischen Modedesignern aufgegriffen. So lässt sich der belgische Modedesigner Martin Margiela seit 2009 beim Kreieren modischen Schuhwerks von den *tabi*, den japanischen Zehensocken, inspirieren. Er präsentierte mehrmals Schuhe im *tabi*-Stil, bei denen der große Zeh von den übrigen Zehen getrennt ist. Allerdings übernimmt Margiela nur den Schnitt und nicht das Stoff- oder Gewebematerial der Zehensandalen. Stattdessen setzt der Belgier Oberflächenmaterial ein, das für Schuhe geeignet ist, und fügt Sohlen, zum Beispiel aus Wasser abweisendem Gummi, hinzu.

Abb. 28 *Tabi*-Schuhe im Stil von Margiela

Mit seinem Revival japanischer Fußbekleidung knüpft der Belgier an die im Stil japanischer Zehensandalen gestalteten Flip-Flop-Sandalen der 1960er Jahre an, die bis heute ihren festen Platz in der europäischen Sommerschuhmode haben.

7.7.3 Japanische Modedesigner

Ab den 1980er Jahren ließen sich nicht nur europäische, sondern auch japanische Modedesigner vom Kimonogewand inspirieren. Diese „neuen" Designer, die erst mit Beginn der 70er als modische Kreateure in Erscheinung traten, präsentierten ihre Kollektionen auf den Modenschauen in Paris, wohnten und arbeiteten aber großenteils in ihrer japanischen Heimat.

Die vom Kimono inspirierten Kreationen der japanischen Modedesigner unterschieden sich von denen ihrer europäischen Berufskollegen durch eine japanische Sichtweise, die aus dem unmittelbaren Erleben von Kimonotraditionen vor Ort resultierte. Sie zeigte sich vor allem in einer am traditionellen japanischen Schönheitsideal orientierten Vorstellung vom weiblichen Modekörper, bei der nicht die Enthüllung und Zurschaustellung des Körpers durch den Schnitt, sondern die Verhüllung und Ummantelung des Körpers durch den Stoff im Vordergrund stand.

7.7.3.1 Kenzo

Takado Kenzo, der in einem Teehaus geboren und inmitten von Kimono tragenden Geishas und Kimonohändlern aufgewachsen war, orientierte sich bei vielen seiner Kreationen am Kimonogewand, vor allem an der Schlichtheit des Kimonoschnittes und der Buntheit der Kimonomuster. So stellte der japanische Modedesigner beispielsweise in seiner Herbst/Winter-Kollektion 1996/1997 wattierte Kimonomäntel mit zum Teil handbemalten Blumenmustern vor.

Um keinen einengenden Modekörper zu schaffen, griff Kenzo bei etlichen seiner Entwürfe auf eckige Schnitt- und weite Ärmelformen zurück. Er verzichtete bei seinen Kreationen außerdem auf Körperbetonungen durch Abnäher und Reißverschlüsse und ersetzte Letztere durch Bänder.

Bei der Erzielung einer bunten Mustervielfalt setzte Kenzo auf seine Vorliebe für Blumenmuster, insbesondere auf einen Mustermix von vorzugsweise großflächigen floralen Stoffmustern aus aller Welt.

7.7.3.2 Mori

Hannae Mori ließ sich bei etlichen ihrer Kleidkreationen vom Kimonoschnitt und von Kimonomustern anregen. Sie entwarf feinste Seidenkleider mit stilisierten Blüten, die an die floralen *mon*-Motive auf Kimonos erinnern. Als bevorzugtes Stoffmotiv und zugleich als Markenzeichen der japanischen Modedesignerin fungierte der Schmetterling, der als Kimonomotiv die Monate März/April symbolisiert.

7.7.3.3 Kawakubo

Rei Kawakubo (besser bekannt unter ihrem Markennamen Comme des Garçons) brachte 1983 den Kimonoschnitt in die Pullovermode. Die Japanerin kreierte einen schwarzen Wollpullover, der aus einem langen rechteckigen Stück gestrickter Maschenware bestand und bei ausgebreiteten Armen die Form eines Kimonos ergab.
Deutliche Kimonoinspirationen waren auch in einem von Kawakubo 1991 entworfenen Kleid zu sehen. Es bestand aus schwarzem Seidentaft, besaß einen rot wattierten Saum und war mit in der *yutzen*-Technik gestalteten Kranichen verziert.

7.7.3.4 Miyake

Issey Miyake stellte beim Kreieren des weiblichen Modekörpers nicht den Schnitt, sondern den Stoff in den Mittelpunkt. Im Unterschied zu den europäischen Modedesignern, die meist durch körpernahe Schnitte die weiblichen Körperformen nachzeichneten, entwarf Miyake Frauenkleider aus plissierten Stoffkreisen oder rechteckigen Stoffstücken, die er in variantenreicher Vielfalt zusammenfügte.

7.7.3.5 Yamamoto

Typisch für Yohiji Yamamato, zu dessen Kreationen beispielsweise ein vom Kimonoschnitt und von der Musteranordnung auf Kimonos beeinflusstes Mantelkleid gehörte, war dessen Vorstellung von der

Aufgabe der Kleidung und des Kleiderstoffes: Die Kleidung sollte dem Körper einen Raum zur Bewegung geben und der Kleiderstoff sollte den Körper ummanteln.
Der japanische Modedesigner ging daher bei seinen Kreationen von der Beschaffenheit des Stoffes aus. Für steife Stoffe wählte er eckige Schnittformen und für weiche fließende Stoffe runde Schnittformen. Seiner Überzeugung von der Kleidung als Bewegungsraum gemäß benutzte Yamamaoto außerdem zur Verbindung von Stoffteilen nicht nur die Nähtechnik, sondern eine Vielzahl ungewohnter Techniken wie Knoten, Wickeln und Binden – alles Techniken, die an die bei der Musterbildung von Kimonos eingesetzten *shibori*-Techniken denken lassen.

7.7.3.6 Mirza

Etwa seit den 1990ern werden Kimonostoffe auch in der Jeansmode eingesetzt. So bietet beispielsweise die japanische Marke Mirza Jeanshosen an, die auf der Rückseite an den Hosentaschen und unterhalb des Bundes mit bunten Kimonostoffen dekoriert sind, die aus alten japanischen Handwerksbetrieben stammen.

7.7.3.7 Suzuki/Tanaka/Batres

Sogar in der Smart Clothing (darunter versteht man mit Hightech und Biotech ausgerüstete intelligente Kleidung) ist der Kimono angekommen. Unter der Bezeichnung Kimono-cation kreierte das japanische Designerteam Kazumi Suzuki/Masami Tanaka/Josefina Batres 1997 ein „Kimonoensemble", das von der Trägerin eigenhändig entwickelt werden kann.
Wie die Sprecherin der Kreateure wissen ließ, vermag die Trägerin durch Knopfdruck ihren Rock in einen Kimono und ihr Bustier in einen *obi* zu verwandeln, wobei sie Letzteren obendrein je nach Anlass auswechseln kann.
Zusätzlich besteht für die Trägerin die Möglichkeit, einen traditionellen, wohl von den *shimada*-Frisuren der Geishas beeinflussten, Haarschmuck aus Blumen aufzusetzen, in dem sich ein E-Mail-Gerät befindet. Technisch korrekt wird der Empfang einer E-Mail durch das Aufleuchten der Blumen angezeigt.

Anmerkungen: Vgl. Bleckwenn, Hrsg. 1980, S. 13, Fukai 2002, S. 117, 636, 666–671, Gazette du bon ton 1.1912 / 13, Kimono-cation 2013, Kompass 2006 / 2007, S. 8, Koch-Mertens 2000, S. 375 f., Kohlmüller 2010, S. 91–103, Loschek 1988, S. 117, 235, 331, 390 u. 509 und 1998, S. 107–110, 140–143, 149–150 u. 217–220, Milenovich 2007, S. 230, Sainderichin 1990, S. 51, Schrenk 2009, S. 112–122 und Seeling 1999, S. 38, 420 f., 436–438, 508, 511, 633 u. 637.

Literatur

Alderton, David u. a. (Text und Beratung): Taschenlexikon Tiere (DK: Dorling Kindersley). München 2008.

Anawalt, Patricia Rieff: Weltgeschichte der Bekleidung - Geschichte Traditionen Kulturen. Bern, Stuttgart, Wien 2007, S. 144–213.

Berger, Christine u. a.: Mecklenburg-Vorpommern (Allianz Reiseführer). Ostfildern, 10. Aufl. 2011, S. 150–151.

Berishand, Roger: Geschichte Japans. Von den Anfängen bis zur Gegenwart. Stuttgart 1963.

Billeter, Erika (Hrsg.): Außereuropäische Textilien. Sammlungskatalog 2 des Kunstgewerbemuseums der Stadt Zürich. Zürich [1965].

Bingata. URL http: / / en.wikipedia.org / wiki / Bingata (16.1.2013)

Bleckwenn, Ruth (Hrsg.): Gazette du Bon Ton. Eine Auswahl aus dem ersten Jahrgang der Modezeitschrift (1912 / 1913). Dortmund 1980.

Brandt, Klaus J.: Inrō. Gürtelschmuck des Japaners. Pforzheim, Stuttgart 1988.

Bühler, Alfred: Shibori und Kasuri, Folk 5, 1963, S. 45–64.

Chronik. In: Der Spiegel. Geschichte (Themenheft: Japan. Das geheimnisvolle Kaiserreich). Hamburg 2011, Nr. 5, S. 20–21.

Cole, Drusilla : 1000 Muster. Aus allen Epochen und Kulturen. Bern 2005.

Coulmas, Florian. Japan. Die 101 wichtigsten Fragen. München 2011.

Coulmas, Florian: Die Kultur Japans. Tradition und Moderne. München 2003.

Dalby, Liza [u. a.]: Kimono: fashioning culture. New Haven 1993.

Dalby, Liza: Geisha. Reinbeck bei Hamburg 2000.

Dalby, Liza: Kimono: fashioning culture. London 2001.

Das neue Duden Lexikon in 10 Bd. (hrsg. u. bearb. von d. Lexikonred. d. Bibliograph. Inst.; Red. Bearb.: Ingrid Adam). Mannheim; Wien; Zürich 1984.

Dingemann, Rüdiger: Die Ewigkeit des Augenblicks. Japanische Weisheiten. München 2007.

Downer, Lesley: Geishas. Von der Kunst einen Kimono zu binden. München 2002.

Ducke, Isa / Thoma, Natascha / Eisenschmidt, Rainer: Japan (Baedecker Allianz Reiseführer). Ostfildern, 11. Aufl. 2011.

Fleck, Gisela: Urformen der Kleidung und ihre Variationen. Textilarbeit und Unterricht. Baltmannsweiler 1986, Heft 3, S. 138–165.

Fukai, Akiko: Fashion: die Sammlung des Kyoto Costume Institute; eine Modegeschichte vom 18. bis 20. Jahrhundert. Köln 2002.

Futugami, Yuriko / Plötz, Robert: Tsutsugaki-Aizome-Momen (Sammlung Yuriko Futugami). Niederrheinisches Museum für Volkskunde und Kulturgeschichte Kevelaer (Sonderausstellung vom 10. Juli bis 4. September 1983). Straelen 1983.

Gazette du bon ton: art, modes et chronique. Paris; Berlin 1.1912 / 13

Geisha. URL http://en.wikipedia.org/wiki/geisha (30.10.2013).

Gellner, Winfried: Die Textilkunst seit 1868. In: Hammitzsch, Horst (Hrsg.): Japan-Handbuch. Land und Leute, Kultur- und Geistesleben. Stuttgart, 3. Aufl. 1990, S. 616–819.

Gennep, Arnold, van: Übergangsriten (Les rites de passage). Frankfurt a. M. 2005.

Gibson, Clare: Zeichen und Symbole. Ursprung, Geschichte, Bedeutung (Aus dem Engl. von Hans Freundl u. Gabriele Horvath). Köln 2000.

Goergen, Marc / Vougioukas, Janis: Überleben nach der Katastrophe. In: Stern 2011, Nr. 16, S. 28–42.

Gostelow, Mary: Das große BLV Buch der Stickkunst. Klassische Stickereien aus aller Welt. München 1980, S. 264–265.

Gruber, Alain: Vögel. Vogeldarstellungen auf Textilien vom 13. bis 20. Jahrhundert. Abegg-Stiftung Riggisberg (Ausstellungskatalog: 8. Mai–1. November 1988). Bern 1988.

Gunkel, Christoph: Zähne und Klauen des Kaisers. In: Der Spiegel. Geschichte (Themenheft: Japan. Das geheimnisvolle Kaiserreich). Hamburg 2011, Nr. 5, S. 30–33.

Hakama. URL http://de.wikipedia.org/wiki/Hakama (9.1.2013).

Hammitzsch, Horst (Hrsg.): Japan-Handbuch. Land und Leute, Kultur- und Geistesleben. Stuttgart, 3. Aufl. 1990.

Hamre, Ida / Meedom, Hanne: Kleider. Urformen zum Mod. weiterfinden (Aus dem Engl. von M. Egli-Walbrecht und R. Wächter). Zürich 1985.

Hanamachi. Reich der Blumen und Weiden.URL http://www.hanamachi.de (30.10.2013).

Hecht, Ann: Webkunst aus verschiedenen Kulturen. Färben, Spinnen, Weben – ein Querschnitt durch Techniken, Geräte und Material. Bern, Stuttgart 1991, S. 123–141.

Heiden, Max: Handwörterbuch der Textilkunde aller Zeiten und Völker. Stuttgart 1904.

Heller, Eva: Wie Farben wirken. Reinbek bei Hamburg 1995.

Hielscher, Gebhardt: Japan. Kulturen erleben. München 2002.

Hiller, Marlene P.: Glossar japanischer Begriffe. In: Damals. Das Magazin für Geschichte und Kultur (Themenheft: Samurai: Die Krieger des alten Japan). Leinfelden-Echterdingen 2008a, Heft 3, S. 26.

Hiller, Marlene P.: Zur Geschichte Japans. Chronologie. In: Damals. Das Magazin für Geschichte und Kultur (Themenheft: Samurai: Die Krieger des alten Japan). Leinfelden-Echterdingen 2008b, Heft 3, S. 22.

Imperatore, Cheryl / MacLardy, Paul: Kimono. vanishing tradition: Japanese textiles oft the 20th century. Atglen 2001.

Japanese Handicrafts. URL http://en.wikipedia.org./wiki/Japanese_handicrafts (9.1.2013)

Jirka-Schmitz, Patrizia: Netsuke. 112 Meisterwerke. Linden-Museum. Staatliches Museum für Völkerkunde 2000.

Kawakatsu, Kenichi: Kimono. Tokyo 1936.

Kimono. URL http://en.wikipedia.org/wiki/kimono (30.10.2013).

Kimono-cation. URL http://www.media.mit.edu/wearables/lizzy/out-in-the-world/beauty/show3.html (9.1.2013)

Kleinschmidt, Bernhard: Highlights. Japan. Die 50 Ziele, die Sie gesehen haben sollten. München 2010.

Koch-Mertens, Wiebke: Der Mensch und seine Kleider. Teil 2: Die Kulturgeschichte der Mode im 20. Jahrhundert. Düsseldorf / Zürich 2000.

Kohlmüller, Tanja: Mode und japanische Gesellschaft: Die Geisha. Fachwissenschaftliche und fachdidaktische Aspekte. Mschr. Wiss. Hausarbeit. Heidelberg 2010.

Kompass. In: GEO Special. (Themenheft: Japan). Hamburg 2006 / 2007, Nr. 6, S. 8.

Lexikon 2000 (Redaktion: Friedemann Bedürftig). 20 Bände. Köln 1990.

Liew, Christine: Japan. Unterwegs in einem Land zwischen Tradition und Moderne (Reiseführer Tescher Verlag). Berlin 2010.

Loschek, Ingrid: Die Modedesigner. Ein Lexikon von Armani bis Yamamoto. München 1998.

Loschek, Ingrid: Reclams Mode- und Textillexikon. Stuttgart, 2. Aufl. 1988.

Lühl, Hendrick: Geishas und Kurtisanen. Kunst der Unterhaltung im alten Japan. Dortmund 1983.

Menegazzo, Rosella: Japan. Land der aufgehenden Sonne. Bildlexikon der Völker und Kulturen. Band 5 (Hrsg.: Galluci, Ada). Berlin 2008.

Milenovich, Sophie: Kimono. Kleidung und Kunstwerk. München 2007.

Minnich, Helen Benton: Japanese Costume. Tokyo1963.

Naumann, Nelly: Kleidung. In: Hammitzsch, Horst (Hrsg.): Japan-Handbuch. Land und Leute, Kultur- und Geistesleben. Stuttgart 3. Auf. 1990, S. 1732–1737.

Origami-Papier Chiyogami Yuzen. URL http://www.manufactum.de/origami-papier-chiyogami-Yuzen-p1458910/ (9.1.2013)

Osang, Alexander: Aufbruch. Made in Japan. In: der Spiegel 2011, Nr. 16, S. 52–57.

Osterhammel, Jürgen: Herrscher des Schwertes und des Pinsels. Editorial. In: Damals. Das Magazin für Geschichte und Kultur (Themenheft: Samurai: Die Krieger des alten Japan). Leinfelden-Echterdingen 2008, Heft 3, S. 3.

Pohl, Manfred: Japan. Stuttgart, Wien 1986.

Pott, Eckart: Das große Ravensburger Tierlexikon von A–Z. Ravensburg 2008, aktualisierte und erweiterte Ausgabe.

Racinet, Albert: Weltgeschichte der Kostüme. Das klassische Werk des 19. Jahrhunderts mit über 2000 Illustrationen (Einführung: Dr. Aileen Ribeiro). Köln 1995.

Raskin-Schmitz, Juliane: Kunst des japanischen Kumihomo, Flechten der Seidenbänder. URL http://www.kumihomo.de/html/geschichte.html (13.12.2012).

Riel, Paul van: Kimono. Leiden 2001.

Röttger-Rössler, Birgitt: Schritte in ein neues Leben. Übergangsrituale. In: Spektrum der Wissenschaft Spezial (Themenheft Rituale). Heidelberg 2011, Heft 1, S. 36–41.

Sainderichin, Ginette: Kenzo (Aus dem Franz. von Sabine Herting). München, Paris, London 1999.

Sakagawa, Kikuto: Ikebana. Zen in der Kunst des Blumenweges. Neustadt an der Weinstraße 2006.

Sandmeyer, Peter: Buddhismus. Religion ohne Gott. In: SternEXTRA (Themenheft: Die sechs Weltreligionen). Hamburg 2009, Nr. 5, S. 44–65.

Scheib, Miriam: Der Kimono. Ein Thema für die Grundschule? Mschr. Wiss. Hausarbeit. Heidelberg 2006.

Schmidt, Doris: Mode und Gesellschaft. 101 Grundfragen. Baltmannsweiler 2012.

Schmitt, Uwe: Japans Kirschblütenfrauen. In: GEOthema 04. Die besten Fotoreportagen aus aller Welt (Themenheft: So schön ist der Mensch). Hamburg 2013, S. 162–175.

Schneider, Maren: Der kleine Alltagsbuddhist. München 2013.

Schrenk, Julia: Kimono und japanische Gesellschaft. Fachwissenschaftliche und fachdidaktische Aspekte. Heidelberg 2009.

Schwarz, Miriam: Kumihimo – Historisches rund um Flechten, Kleidung und Kultur. URL http://www.kumihimo.info/deutsch/historie.htm (13.12.2012).

Seeling, Charlotte: Mode. Das Jahrhundert der Designer 1900–1999. Köln 1999.

Seibert, Andreas / Wolff, Markus: Kirschblüte. In: GEO Special. Die Welt entdecken (Themenheft: Japan). Hamburg 2006 / 2007, Nr. 6, S. 46–53.

Seiler-Baldinger, Annemarie: Systematik der Textilen Techniken. Basler Beiträge zur Ethnologie. Band 14. Basel 1973.

Singer, Wolfgang: Ein notwendiges Produkt unserer Evolution. Hirnforschung. In: Spektrum der Wissenschaft Spezial (Themenheft Rituale). Heidelberg 2011, Heft 1, S. 14–19.

Sprotte, Maik Hendrik: Nicht immer standesgemäß. Lebensformen der Samurai. In: Damals. Das Magazin für Geschichte und Kultur (Themenheft: Samurai: Die Krieger des alten Japan). Leinfelden-Echterdingen 2008, Heft 3, S. 24–29.

Stein, Michael: Japans Kurtisanen. Eine Kulturgeschichte der japanischen Meisterinnen der Unterhaltungskunst und Erotik aus zwölf Jahrhunderten. München 1997

Streuer, Oliver: Kraniche gegen das Leid: Studenten sammeln für Japan. In: Rhein-Neckar-Zeitung vom 5.4.2011.

Szimm, Rainer: Guckloch in den Westen. In: Der Spiegel. Geschichte (Themenheft: Japan. Das geheimnisvolle Kaiserreich). Hamburg 2011, Nr. 5, S. 38–41.

Thiel, Erika: Geschichte des Kostüms. Die europäische Mode von den Anfängen bis zur Gegenwart. Wilhelmshaven, 7., ergänzte u. aktualisierte Aufl. 2000.

Thiele, Peter: Die schönsten Kimonos. Ein Musterbuch aus dem 19. Jahrhundert. Dortmund, 2. Aufl. 1986.

Töpling, Beate: Der japanische Kimono. In: Baessler Archiv, NF.XXV 19787, S. 341–369.

Tradition in Seide. Der Kimono. In: Der Spiegel. Geschichte (Themenheft: Japan. Das geheimnisvolle Kaiserreich). Hamburg 2011, Nr. 5, S. 108–109.

Tworuschka, Monika / Tworuschka Udo: Der Buddhismus. Die Welt der Religionen. München 2008.

Wisniewski, Claudia: Kleines Wörterbuch des Kostüms und der Mode. Stuttgart 1996.

Yamanaka, Norio: The book of kimono. Tokyo u. a. 1982.

Zöllner, Richard: Japans Kriegerstand. Die Anfänge – vom Krieger zum Samurai. In: Damals. Das Magazin für Geschichte und Kultur (Themenheft: Samurai: Die Krieger des alten Japan). Leinfelden-Echterdingen 2008, Heft 3, S. 14–21.

Register